D1104248

Arrosez les fleurs

pas les mauvaises herbes!

Catalogage avant publication de
Bibliothèque et Archives Canada

Peacock, Fletcher

Arrosez les fleurs, pas les mauvaises herbes:
une stratégie qui révolutionne les relations
professionnelles, amoureuses et familiales

1. Relations humaines. 2. Communication
interpersonnelle. I. Titre.

BF637.C45P39 1999   158.2   C99-940172-6

Pour en savoir davantage sur nos publications,
visitez notre site : **www.edhomme.com**
Autres sites à visiter : www.edjour.com
www.edtypo.com • www.edvlb.com
www.edhexagone.com • www.edutilis.com

02-05

© 1999, Les Éditions de l'Homme,
une division du groupe Sogides

Tous droits réservés

Dépôt légal: 1er trimestre 1999
Bibliothèque nationale du Québec

ISBN 2-7619-1476-7

DISTRIBUTEURS EXCLUSIFS :

• Pour le Canada et les États-Unis :
MESSAGERIES ADP*
955, rue Amherst
Montréal, Québec H2L 3K4
Tél. : (514) 523-1182
Télécopieur : (450) 674-6237
* Filiale de Sogides ltée

• Pour la France et les autres pays:
INTERFORUM
Immeuble Paryseine, 3, Allée de la Seine
94854 Ivry Cedex
Tél. : 01 49 59 11 89/91
Télécopieur: 01 49 59 11 96
Commandes : Tél. : 02 38 32 71 00
                Télécopieur : 02 38 32 71 28

• Pour la Suisse :
INTERFORUM SUISSE
Case postale 69 - 1701 Fribourg - Suisse
Tél.: (41-26) 460-80-60
Télécopieur : (41-26) 460-80-68
Internet : www.havas.ch
Email : office@havas.ch
DISTRIBUTION : OLF SA
Z.I. 3, Corminbœuf
Case postale 1061
CH-1701 FRIBOURG
Commandes : Tél. : (41-26) 467-53-33
                Télécopieur : (41-26) 467-54-66
                Email: commande@ofl.ch

• Pour la Belgique et le Luxembourg :
INTERFORUM BENELUX
Boulevard de l'Europe 117
B-1301 Wavre
Tél. : (010) 42-03-20
Télécopieur : (010) 41-20-24
http ://www.vups.be
Email : info@vups.be

Gouvernement du Québec – Programme de crédit d'impôt pour l'édition de livres – Gestion SODEC – www.sodec.gouv.qc.ca

L'Éditeur bénéficie du soutien de la Société de développement des entreprises culturelles du Québec pour son programme d'édition.

Le Conseil des Arts du Canada
The Canada Council for the Arts

Nous remercions le Conseil des Arts du Canada de l'aide accordée à notre programme de publication.

Nous reconnaissons l'aide financière du gouvernement du Canada par l'entremise du Programme d'aide au développement de l'industrie de l'édition (PADIÉ) pour nos activités d'édition.

FLETCHER PEACOCK

Arrosez les fleurs

pas les mauvaises herbes!

Une stratégie
qui révolutionne
les relations :  professionnelles
amoureuses
familiales

LES ÉDITIONS DE
L'HOMME

Sommaire

AVIS AUX LECTEURS 11
REMERCIEMENTS 13
INTRODUCTION 15

Chapitre premier
JE N'AI PAS LA VÉRITÉ 19
L'histoire du jour de l'An.

Chapitre 2
LES TROIS GÉNÉRATIONS
EN COMMUNICATION 27
La première génération - La deuxième génération
- La troisième génération - L'Einstein de
la communication - Pourquoi travailler ?

Chapitre 3
L'APPROCHE ORIENTÉE
VERS LES SOLUTIONS... 33
Le meilleur leader - Des questions pour les situations
difficiles - La question-miracle -
Arrosez les fleurs... Les souvenirs dans l'avenir.

Chapitre 4
LES MÉTACROYANCES 45
La principale personne - La prière de la sérénité
- L'histoire du cheval - Il y a des milliers de solutions -
Problème = occasion - Échec = apprentissage -
Ce moment est parfait.

Chapitre 5
LES TROIS RÈGLES ÉLÉMENTAIRES 59
Le principe du rasoir d'Occam - Si ça marche, ne
changez rien ! - Faites davantage de
ce qui marche - La question-exception
- Les tâches orientées vers les solutions -
La question-échelle - Faites quelque chose de différent !

Chapitre 6
LES TROIS STYLES DE COOPÉRATION 75
Visiteur - Plaignant - Acheteur.

Chapitre 7
VOUS CRÉEZ VOTRE PROPRE RÉALITÉ 93
L'histoire du QI - L'histoire du placebo :
première partie - L'histoire du placebo : deuxième partie -
Conclusion : Deux questions.

Chapitre 8
LES PRINCIPES D'ERICKSON 101
Modèle de croissance - Le principe du « C'est OK »
- L'autre personne possède déjà les ressources -
Arrosez les fleurs… et souvent les mauvaises herbes
vont disparaître par manque d'attention ! -
Le changement est non seulement possible, il est même
inévitable ! - La compréhension
du problème - Faire quelque chose - Un seul
petit changement.

Chapitre 9
LA COOPÉRATION...................................... 111
Accompagnement et orientation - L'histoire
de Jésus-Christ - Révision des principes
d'Erickson.

Chapitre 10
LA RÉSISTANCE ENTRAÎNE LA PERSISTANCE 119
Un employé résistant - Judo psychologique
- Cassette pour les personnes difficiles.

Chapitre 11
NE CHANGEZ PAS TROP VITE ! 127
L'hypnose positive plutôt que l'hypnose négative -
Nous sommes tous des hypnotiseurs !

Chapitre 12
**UNE PHILOSOPHIE DE COOPÉRATION... UNE
PHILOSOPHIE « DAUPHIN »** 135

CONCLUSION 143

RÉSUMÉ 149

EXERCICE D'INTÉGRATION 151

BIBLIOGRAPHIE 153

Avis aux lecteurs

Ce livre s'inspire de plusieurs conférences et séminaires que Fletcher Peacock a donnés un peu partout à travers le monde sur la communication orientée vers les solutions (COS).

Il est rédigé d'une manière suggestologique et s'adresse donc simultanément aux deux hémisphères du cerveau.

Il comporte la théorie de fine pointe en ce qui a trait à la communication orientée vers les solutions que recevra le cerveau gauche (logique, rationnel, organisé). Simultanément, il est rédigé pour que le cerveau droit (intuitif, relationnel et créatif) puisse l'adapter à ses propres besoins.

Certaines structures de phrases en mouvement semblent sacrifier parfois la beauté de la langue littéraire. Nous nous en excusons auprès de Baudelaire, Lamartine, Rimbaud et... tous nos lecteurs. En contrepartie, nous leur promettons une assimilation exceptionnelle des éléments de transformation qui sont contenus dans ce livre.

De plus, en lisant simplement les têtes de chapitres, les sous-titres et les mots volontairement inscrits en caractères gras qui y sont contenus, on pourra lire, relire ou simplement récapituler les principaux éléments de ce livre en quelques minutes seulement. Ce qui le rendra encore plus audacieux et plus pratique aux yeux de nos lecteurs.

Enfin, ce livre étant rédigé à partir de séminaires et de conférences de Fletcher Peacock, nous en avons volontairement conservé la forme du « français parlé » afin de préserver la fraîcheur, le dynamisme et l'enthousiasme que suscite l'auteur dans ses formations professionnelles.

Bonne lecture !

Remerciements

Premièrement, j'aimerais remercier toutes les personnes et les écoles qui ont contribué au développement de ma pensée : Bill O'Hanlon pour ses suggestions sur les trois générations en communication, Milton Erickson pour ses principes de base, Steve de Shazer et l'école de Milwaukee pour le développement majeur de l'approche de la COS, Ken Keyes pour la devise Résistance = Persistance, Deepak Chopra pour la médecine psychosomatique, Richard Bandler et ses collaborateurs pour la programmation neurolinguistique, Ed Oakley et Doug Krug pour les idées contenues dans *Enlightened Leadership*, Dudley Lynch et ses collaborateurs pour l'histoire des dauphins, l'université McGill pour son enseignement et pour les bourses qui m'ont permis de développer plusieurs des idées exposées dans cet ouvrage.

Deuxièmement, j'aimerais remercier toutes les organisations qui m'ont invité à présenter des séminaires, des sessions de formation et des conférences, autant dans les entreprises que dans les milieux de l'éducation, de la santé et les différents ministères. En particulier, j'aimerais remercier quelques personnes-ressources : Danielle Bouliane, Bertrand Rossignol, Monique Tessier, Clément Michel, Luc Boivin, Louis Blanchette et Michel Guay, de même qu'Aurèle Doucet.

Troisièmement, j'aimerais remercier les milliers de participants à mes conférences à travers le monde. Leur curiosité, leur questionnement, leurs suggestions ont fortement contribué à l'évolution et à l'amélioration constante de la présentation de cette approche.

Quatrièmement, sur le plan personnel, j'aimerais remercier mes parents, Freddie et Westy, pour leur amour et leur support, ma sœur Hélène pour sa confiance constante. Mes amies Sophie, Jocelyne, Hélène et Ginette pour leur patience, pour le beau miroir et pour la belle occasion qu'elles m'ont offerte de développer et de mettre en pratique les principes énoncés dans ce livre. Toutes les belles amitiés : Roberto, Nancy... Suzanne, Andrée... vous savez qui vous êtes. Merci pour votre amour et votre amitié. Merci aussi à tous mes amis « non-dualistes » à travers l'Amérique du Nord.

Finalement, j'aimerais remercier chaleureusement **ma précieuse collaboratrice Colette Chabot.** Elle a aidé énormément de personnes à partager leurs dons dans de nombreux domaines. C'est beaucoup grâce à son inspiration et à ses talents d'écrivain, de journaliste et d'« impresario » que le « paquebot » est arrivé au port, que le « concerto » s'est achevé.

Recevez tous mon profond sentiment de gratitude !

Introduction

Ce livre est un survol, une sensibilisation à l'approche de la communication orientée vers les solutions. Il est susceptible d'enrichir votre vie tant sur le plan personnel que sur le plan professionnel.

Le mot clé principal de cette approche, c'est le mot **coopération.** Les deux questions principales dont nous traiterons dans ce livre sont les suivantes : «**Comment pouvons-nous coopérer davantage avec tout le monde dans notre vie,** tant dans notre vie professionnelle que dans notre vie personnelle?» Et, deuxièmement: «**Comment pouvons-nous trouver des solutions qui sont mutuellement satisfaisantes pour toutes les personnes concernées?**»

Ce livre vous révélera peu à peu une véritable

philosophie de coopération

qui énergise spontanément ce que l'on veut créer, qui met l'accent sur le plein potentiel de l'humain et qui permet de jouer le jeu de la vie d'une manière intrinsèquement «gagnant-gagnant». C'est ce que nous allons appeler le style dauphin.

Dans la communication orientée vers les solutions, notre responsabilité c'est d'être de bons supporters (meneur de claques, quelqu'un qui encourage) ! C'est-à-dire que nous sommes intéressés par les solutions de nos clients, de nos partenaires, de nos collaborateurs, de nos étudiants, de notre conjoint et de nos enfants. C'est pourquoi ce livre fournira **de nouveaux outils, de nouvelles distinctions** afin de mieux communiquer en tout temps et en toute circonstance.

Ce livre s'inspire des meilleures techniques et des plus récentes conceptions qui ont fait leurs preuves dans plusieurs domaines variés tels que l'industrie, l'éducation, la santé, le commerce et les différents ministères. Cependant, ce qui dépasse les autres méthodes sans les exclure, c'est que la communication orientée vers les solutions est **immédiatement applicable.**

L'un des résultats possibles de l'application de ces idées, c'est la satisfaction du travail accompli et l'allègement de la responsabilité du communicateur. En conséquence, cette approche peut aussi contribuer à **prévenir l'épuisement professionnel.**

Nous allons découvrir dans ce livre que chaque personne a une façon unique de communiquer et de coopérer avec nous. Alors, comment trouver la clé qui facilitera nos relations patron-employés, collègue-collègue, professeur-étudiant, parent-enfant, conjoint-conjointe, etc.?

La communication orientée vers les solutions s'appuie sur les forces et les ressources de la personne, ce qui permet à celle-ci de créer sa propre réalité et de traverser les perturbations normales de la vie sans encombres.

Dans cette approche, on regarde de façon positive la personne ou l'entreprise qui connaît des difficultés. Cependant, plutôt que de s'arrêter sur les explications des causes, on met l'accent sur la découverte de solutions. On fait en sorte que la personne (ou l'organisation) s'appuie sur ce qu'elle fait déjà de bon et sur ses réussites pour aller plus loin.

Si vous cherchez « la différence qui peut faire la différence » dans vos communications... vous êtes invité à lire ce livre. Préparons-nous à **ARROSER LES FLEURS... PAS LES MAUVAISES HERBES !**

Chapitre premier

JE N'AI PAS LA VÉRITÉ

J'avais cette particularité, comme formateur professionnel, de suivre autant de cours ou de séminaires que j'en donnais. J'adore étudier, découvrir, expérimenter. On pourrait dire que je suis un éternel étudiant !

Mais quand j'ai découvert la communication orientée vers les solutions, toute ma philosophie de vie a changé. Je venais tout simplement de découvrir que :

JE N'AI PAS LA VÉRITÉ !

Ma vie a alors amorcé un virage vraiment significatif.

Plus jeune, j'ai souvent pensé que j'avais la vérité. Je me rappelle mon premier emploi, dans le domaine de l'éducation aux adultes. Je travaillais pour un groupe qui s'appelait Frontière Collège, dans le nord du Québec. C'est là que j'ai appris à parler le français. Pendant la journée, je travaillais avec les ouvriers du chemin de fer et le soir, je leur enseignais l'anglais, le français et les mathématiques.

C'était il y a vingt-cinq ans. J'ai vite fait de remarquer que les ouvriers du chemin de fer gagnaient seulement un dollar l'heure. Je trouvais cela vraiment injuste ! J'étais engagé politiquement et ces événements m'ont rendu radical. Je suis devenu ce qu'on appelle un socialiste. C'est moins populaire maintenant, mais à une époque **je possédais la vérité socialiste.**

Quand nous avons la vérité par rapport à nos collègues de travail, avec notre conjoint, avec nos enfants, avec nos clients, avez-vous remarqué à quel point **nous travaillons fort ?** Nous avons besoin de convaincre, d'imposer aux autres des points de vue et ça, c'est du travail !

Quand je possédais la vérité socialiste, j'ai lutté, j'ai milité pour convaincre, pour imposer mes vues. Puis, je suis déménagé dans l'Ouest canadien où j'ai travaillé avec un parti socialiste. Et je possédais la vérité. Je travaillais dix à douze heures par jour et, pendant les élections, quinze heures par jour, toujours pour avoir la vérité.

À ce moment-là, les gens les plus intéressants du parti étaient des espions marxistes. Je suis donc devenu marxiste. Si vous voulez parler avec quelqu'un qui pense avoir la vérité, parlez avec un marxiste.

Quand j'ai déménagé dans une autre province canadienne, je suis devenu ce qu'on appelle un syndicaliste. Et **j'ai possédé la vérité syndicaliste.** Ma « mission » était d'entrer dans les usines et de créer des syndicats.

À ce moment-là, j'habitais encore dans la même ville que mes parents. Ce sont les personnes les plus douces du monde. Ma mère est travailleuse sociale et mon père, professeur. Le sens de la beauté et du partage coule dans leurs veines. Ils aiment aider, donner et contribuer au mieux-être de la société.

À ce moment-là, je pensais que j'étais venu sur terre pour aider les gens à s'aimer, à s'accepter, à vivre en paix. Mais je possédais **la vérité socialiste, la vérité marxiste, la vérité syndicaliste,** alors ces personnes si douces et si aimantes, je les traitais volontiers de bourgeois, de capitalistes et d'exploiteurs de la classe ouvrière. Parce que c'est comme ça qu'on fait l'amour et la paix, n'est-ce pas ? On affronte les gens qu'on aime, on les attaque, on les critique.

Puis, j'ai compris que j'avais peut-être besoin de trouver un peu de paix intérieure avant d'en donner aux autres. Je me suis alors réfugié dans des monastères. Rapidement, **j'ai possédé la vérité monastique,** avec laquelle j'ai aussi harcelé le monde.

Pourtant, je ne suis pas totalement idiot, pas totalement stupide, et j'ai compris que **la vérité avait changé tellement de fois** dans ma vie que je ne pouvais pas avoir la vérité ! Tout ce que j'avais, c'était **un système de croyances qui était toujours en train d'évoluer,** de se transformer et idéalement de s'améliorer.

Ce que je vous présente dans ce livre, ce n'est pas la vérité. Ce sont **des possibilités.** À vous de choisir les choses qui vous conviennent et de laisser le reste s'en aller comme l'eau sur le dos d'un canard.

Il y a quelques années, alors que j'étais l'invité de 350 gestionnaires, l'un d'eux m'a dit : « Fletcher, j'ai bien aimé ton discours mais j'ai trouvé ton introduction beaucoup trop longue, surtout l'histoire de "Je n'ai pas la vérité". » J'ai éclaté de rire, parce que si vous avez vraiment compris l'histoire que je viens de vous raconter, vous pouvez refermer ce livre maintenant. Parce que tout le contenu de ce livre repose essentiellement sur le fait que :

JE N'AI PAS LA VÉRITÉ !

Si je suis avec cinq autres personnes dans une réunion, j'ai besoin de reconnaître qu'il y a cinq vérités présentes avec moi. Si je suis avec une autre personne, je sais que j'ai ma vérité mais que l'autre aussi a sa propre **vérité actuelle** qui est fort probablement différente de la mienne. Donc, pour entretenir une bonne **communication orientée vers les solutions** avec cette personne, j'ai besoin de ralentir, d'entrer dans son monde, d'apprendre son langage et de le parler. C'est ce que nous appellerons l'**accompagnement** ou s'adapter à la réalité et au vocabulaire de l'autre.

Je donne ici un exemple qui a pour but de démontrer comment on en arrive sans s'en rendre compte à imposer sa vérité aux autres et comment l'accompagnement peut contribuer à améliorer la communication.

L'HISTOIRE DU JOUR DE L'AN

Qu'est-ce qu'on fait au jour de l'An ? On souhaite la bonne année et on commence à souhaiter à l'autre ou aux autres ce que l'on veut pour soi-même. Je me souviens d'un premier de l'An où l'oncle de mon amie m'a lancé : « Bonne année ! Je te souhaite une bonne santé et beaucoup d'argent ! » Il venait de me dévoiler ce que l'on appelle **sa hiérarchie des valeurs** : santé et argent. Mais ce n'est pas ma hiérarchie des valeurs. S'il avait voulu me toucher, il m'aurait souhaité l'amour, la paix intérieure et la sérénité, vœux qui rejoignent davantage **ma hiérarchie des valeurs.**

Au prochain jour de l'An, je vous suggère donc de ralentir et de poser à votre parenté, à vos amis, à vos collègues et à vos clients une question orientée vers les solutions : « Bonne année... que puis-je vous souhaiter ? » À ce moment-là, vous serez en train de faire de « **l'accompagnement** », c'est-à-dire que vous entrerez dans l'univers de votre interlocuteur, dans **sa vérité actuelle.** Vous l'inciterez à vous donner les **mots-clés** qui sont propres à **sa hiérarchie des valeurs.**

22

La formation et les conférences qui ont inspiré ce livre ont d'abord été préparées pour les professionnels de la santé et de l'éducation avant de s'étendre aux cadres de l'industrie et du commerce, rejoignant aussi, plus tard, les personnes œuvrant dans les milieux gouvernementaux. J'ai été étonné, comme vous le serez aussi, des effets constatés immédiatement par les participants sur leur vie quotidienne. Par exemple, un homme m'a un jour déclaré : « Après votre formation, Fletcher, **la personne avec qui j'avais le plus de difficulté** dans ma vie **est devenue la personne qui me paraissait la plus intéressante !** » Un autre individu m'a fait part de la constatation suivante : « Monsieur Peacock, depuis que j'ai suivi votre cours, il me semble que **tous mes clients ont changé !** » En réalité, lui seul avait changé : désormais, il voyait les autres différemment. Dans certains domaines, on dit : « **Le monde, c'est votre miroir !** » Un autre participant m'a dit : « Avant de suivre votre cours, j'étais déjà orienté vers les solutions, mais depuis que je l'ai suivi, je suis **davantage orienté vers les solutions des autres !** » Voilà des témoignages intéressants !

Laissez-moi maintenant partager avec vous une de nos devises favorites dans le monde de la communication orientée vers les solutions :

**De plus en plus, on en fait
de moins en moins !**

Vous découvrirez, en effet, tout au long de ce livre, qu'**en faisant moins,** beaucoup moins, **on peut accomplir bien davantage.** En effet, il devient terriblement épuisant de vouloir imposer sa vérité à l'autre ou aux autres. Dans **la communication orientée vers les solutions** (une approche systémique), nous voyons que les petits changements en nous, dans notre pensée, dans notre attitude ou bien dans nos comportements peuvent par ailleurs produire des transformations importantes au sein du milieu dans lequel nous évoluons, que ce soit au travail ou dans la famille.

Pour cette raison, entre autres, **la communication orientée vers les solutions** s'est avérée **un outil de prévention très efficace contre l'épuisement professionnel.**

Les outils contenus dans ce livre vous apprendront aussi que :

Vous savez déjà beaucoup plus que ce que vous pensez savoir !

Comme nous sommes **tous des communicateurs,** c'est le nom que j'utiliserai tout au long de cet ouvrage plutôt que d'employer des appellations différentes selon des sphères spécifiques de nos champs d'action. Il vous sera ainsi plus aisé de vous reconnaître et d'adapter cette « communication » à vos collègues de travail, à vos partenaires d'entreprise, à vos étudiants, à vos employés ou encore à votre conjoint ou à votre enfant.

Tout comme mes cours, ce livre s'adresse autant aux hommes qu'aux femmes. Afin de ne pas alourdir le texte, j'utiliserai le mot « **communicateur** ». En outre, pour identifier la ou les personnes avec lesquelles vous êtes en interaction, j'utiliserai souvent l'expression « **l'autre personne** », la plupart du temps de façon que les applications soient les plus générales possible.

Je dois vous prévenir immédiatement que je vous raconterai beaucoup d'histoires. J'aimerais que vous considériez les **histoires** présentées ici comme des **métaphores.** Donc, si je parle des relations parents-enfants, ce que je dis peut tout aussi bien s'appliquer aux relations patron-employés. De la même manière, quand je parle des relations de couple, vous pouvez adapter mes suggestions à la relation entre deux collègues au bureau ou deux étudiants à l'école, ou encore deux collaborateurs dans n'importe quel contexte de travail. Sachez aussi que ce livre a des vertus hypnotiques et que les mêmes idées y reviennent très régulièrement sous des angles et des présentations différentes.

Mais souvenez-vous que je vous propose des hypothèses que vous pouvez rejeter à chaque instant puisque ?????

JE N'AI PAS LA VÉRITÉ !

Votre flair sera toujours votre meilleur guide. N'hésitez jamais à laisser tomber, à mettre de côté ce qui ne vous convient pas !

Dans les jours, les semaines, les mois et les années qui viennent, s'il y a une apparente contradiction entre ce que j'ai énoncé et votre intuition, **suivez toujours votre intuition.**

Maintenant, nous sommes prêts à entrer dans le vif du sujet. Nous allons commencer avec une description des **trois générations en communication.**

Chapitre 2

LES TROIS GÉNÉRATIONS EN COMMUNICATION

LA PREMIÈRE GÉNÉRATION

D ans le domaine des communications, on peut distinguer trois générations. Dans la première, il y a la croyance profonde qu'il faut absolument trouver l'origine du problème afin de s'en sortir et de créer un meilleur présent et un meilleur avenir.

Cette première génération est directement inspirée par le psychiatre autrichien Sigmund Freud, considéré comme le père de la psychanalyse. L'approche psychanalytique présume que nous sommes influencés par des conflits non résolus datant de l'enfance et qu'il importe de comprendre le conflit pour qu'il se dissolve.

C'est une approche à **long terme** qui nécessite des mois, voire des années de travail. Et c'est souvent une approche axée sur la **pathologie** où, de temps en temps, les communicateurs mettent des étiquettes à connotation négative sur les personnes.

L'approche de la première génération en communication est basée sur l'**expertise.** Le communicateur (le consultant, le formateur, etc.) en sait toujours un peu plus que vous, que ce soit sur votre entreprise, sur vos employés ou sur vous-même. En général, le consultant sait mieux que le client ce qui est bon pour lui.

LA DEUXIÈME GÉNÉRATION

Pendant les années cinquante et soixante, en Amérique du Nord, on a inventé et développé **la deuxième génération en communication,** ce que l'on appelle l'approche systémique. Cette approche se résume ainsi: Peu importe l'explication passée des problèmes, ils sont maintenus par des **cercles vicieux dans le présent** que l'on peut aussi appeler des « interactions dysfonctionnelles ».

Voici des exemples illustrant ce qu'est la deuxième génération en communication.

L'HISTOIRE DU COUPLE

Un couple rencontre un conseiller. L'homme et la femme admettent tous les deux vivre un gros problème. Monsieur veut avoir plus de paix. Donc, il se retire derrière ses journaux. Madame veut passer plus de temps de qualité avec son conjoint, avoir plus d'échanges émotionnels et psychologiques. Alors, elle poursuit son mari. Et plus elle le poursuit, plus il se retire. Plus il se retire et plus elle le poursuit! Ils en sont à discuter de divorce quand ils arrivent dans le bureau du consultant!

À ce moment, la responsabilité du communicateur de deuxième génération est d'**intervenir pour interrompre les**

cercles vicieux. Cela veut dire que l'on doit aider soit le mari, soit la femme à penser et/ou à agir d'une manière significativement différente pour briser le cercle vicieux, l'interaction dysfonctionnelle. On se concentre donc sur ce qui se passe aujourd'hui, dans le moment présent.

Un **cercle vicieux** ou une interaction dysfonctionnelle peut également consister à **faire toujours plus de ce qui ne fonctionne pas.** En voici quelques exemples.

L'HISTOIRE DU TOURISTE AMÉRICAIN

Un touriste américain unilingue se trouve dans un restaurant, à Paris, où le serveur ne parle que le français. L'Américain commande en anglais. Le serveur francophone ne comprend pas ! Que fait l'Américain ? Il parle plus fort, en anglais. Mais le serveur ne comprend pas davantage !

L'HISTOIRE DE LA FAMILLE

Un autre exemple provient du domaine familial. Il s'agit des relations parents-enfants. On entend souvent un parent dire : « Je suis complètement épuisé, au bout du rouleau avec cet enfant. Je n'en peux plus. Je ne sais plus quoi faire de lui. » Quand le consultant demande :

« Que faites-vous quand ça ne marche pas avec votre enfant ? »

Le parent répond parfois : « **Je crie après lui !** »

« Est-ce que ça fonctionne ? », demande alors le consultant.

« Non ! Pas du tout ! »

« Et que faites-vous quand ça ne marche pas ? »

Souvent, très souvent, on entend cette réponse: «**Eh bien, je crie encore plus fort!**»

Ce sont des métaphores! Mais comme tout cela nous ressemble: on s'enferme dans des cercles vicieux avec nos enfants, avec notre conjoint, avec nos collègues au travail. Et souvent, n'est-ce pas, quand ça ne marche pas, on crie plus fort! **On fait plus de ce qui ne marche pas!**

Quand j'ai expérimenté l'approche de deuxième génération, j'ai obtenu des résultats plus satisfaisants à la fois pour le client et pour moi. En effet, au lieu de patauger dans le ou les problèmes pendant des mois ou des années, nous arrivions plus rapidement aux solutions.

J'ai aimé cette approche **non pathologique** qui donne des résultats à **court terme.** Le terme «non pathologique» signifie que le consultant ne met jamais d'étiquettes négatives sur ses clients. Ils sont seulement considérés comme des êtres humains avec des problèmes humains. Cette approche par rapport à la première génération a moins tendance à présenter le consultant comme un expert qui connaît les solutions aux problèmes de la personne.

Puis, il y a une quinzaine d'années, j'ai découvert la troisième génération, l'approche orientée vers les solutions.

LA TROISIÈME GÉNÉRATION

La troisième génération peut être résumée ainsi: Peu importe l'explication des problèmes dans le passé, peu importe les cercles vicieux dans le présent, il est possible d'**aller directement dans l'avenir.** On peut aller directement dans le monde des solutions, dans le monde des ressources, sans nécessairement s'attarder à l'explication des problèmes. Aller directement dans l'avenir, là où le problème n'existe pas! Mais qu'est-ce que cela veut dire, aller

30

directement dans l'avenir ? Pour l'expliquer, je vous raconte une histoire vécue par Milton Erickson.

L'EINSTEIN DE LA COMMUNICATION

Milton Erickson était médecin, psychologue et thérapeute. Il connaissait bien l'hypnose. On l'a surnommé «l'Einstein de la communication du xxᵉ siècle» ! C'est lui qui a inspiré la deuxième génération en communication et surtout la troisième, celle que l'on appelle «**la communication orientée vers les solutions**».

L'HISTOIRE DE L'HOMME DÉPRIMÉ

Un jour, Erickson se trouvait avec un client en difficulté. C'était un homme complètement déprimé, que l'on appelle un «Plaignant» dans la troisième génération. Il était complètement ravagé par la souffrance morale.

Erickson avait tout tenté avec cet individu et rien n'avait marché. Comme il n'avait plus rien à perdre, il a décidé d'essayer l'hypnose formelle. Sous l'effet du sommeil hypnotique, il a envoyé l'homme déprimé dans l'avenir, à un moment où son problème serait réglé. Puis, il lui a demandé, toujours sous l'effet de la transe inconsciente : «**Qu'avez-vous fait** pour régler votre problème ? Quelles sont **les solutions que vous avez trouvées ?**»

Toujours dans l'avenir, toujours hypnotisé, le client a répondu : «J'ai fait ceci ! J'ai fait cela ! J'ai fait ceci et cela !»

Très doucement, très respectueusement, très paisiblement, Erickson a ramené le client dans le présent, le sortant de la transe hypnotique. Puis, répétant exactement les paroles du client lorsqu'il se trouvait en état d'hypnose, il lui a dit : «Pour régler votre problème, faites ceci, faites cela, faites ceci et cela !»

Ainsi est née la troisième génération, celle que l'on appelle **la communication orientée vers les solutions**.

POURQUOI TRAVAILLER ?

Voici une autre devise de l'approche orientée vers les solutions : « **Pourquoi travailler ?** »

Nos clients, nos collègues, nos employés ou nos étudiants trouveront peut-être **leurs propres solutions** si nous, les communicateurs, posons simplement les bonnes questions, **des questions orientées vers les solutions**.

RÉSUMÉ

Les trois générations en communication

- **Première génération** : Comprendre le problème, expliquer le problème dans le passé.
  Approche à long terme, pathologique, basée sur l'expertise (nécessitant temps et argent).
- **Deuxième génération** : Approche systémique qui consiste à interrompre les cercles vicieux dans le présent.
  Approche à plus court terme que la première, non pathologique et moins basée sur l'expertise.
- **Troisième génération** : On envoie le client dans l'avenir, là où il n'y a pas de problème, que des solutions.
  Approche à plus court terme encore, non pathologique, non basée sur l'expertise et respectueuse des ressources de l'autre. Approche « supporter » où l'on pose de bonnes questions.

Nous venons de découvrir les trois générations en communication. Nous allons commencer à élaborer certains des principes et des techniques de base de la troisième génération, **la communication orientée vers les solutions** (la COS).

Chapitre 3

L'APPROCHE ORIENTÉE
VERS LES SOLUTIONS

L'approche orientée vers les solutions est ce qui existe de mieux parmi les approches à court terme. Il n'y a ni pathologie ni expert. En définitive, c'est une approche « supporter ». Et je suggère que :

Nous sommes tous des supporters !

Imaginons que l'on est un amateur de hockey en train d'assister à une partie dans un centre sportif. On se trouve dans le passé, avant de découvrir la **communication orientée vers les solutions.** Moi, comme communicateur, j'avais tendance à sauter sur la patinoire, à prendre le joueur de hockey (mon client) sur mon dos et à patiner, souvent dans une direction qui risquait d'être contraire à celle qu'il aurait voulu emprunter. C'est une **métaphore,** mais elle illustre bien une attitude essoufflante, épuisante, loin de donner les résultats escomptés.

Aujourd'hui, je suis davantage « **supporter** ». Je reste dans l'estrade (c'est moins épuisant !) et je pose de bonnes questions pour orienter l'autre personne.

LE MEILLEUR LEADER

Dans le passé, le meilleur leader était celui qui avait les meilleures réponses. À l'avenir, le meilleur leader sera la personne qui sait poser les meilleures questions !

Nous sommes tous **des leaders**. Nous sommes des leaders dans notre entreprise, au bureau, dans notre couple, dans nos familles, dans notre communauté et dans notre société.

Il y a quelques années, alors que je me trouvais en Russie avec un groupe international de consultants en organisation, l'un de mes collègues m'a dit : « Il y a deux Américains qui font un travail qui se rapproche du vôtre ! » Ces deux Américains se nomment Ed Oakley et Doug Krug. J'ai lu leur livre, *Enlightened Leadership* (que je traduis par *Le leadership éclairé*). J'ai été tellement impressionné par l'une de leurs citations que je veux la partager avec vous.

« Dans le passé, le meilleur leader était celui qui avait le plus de réponses. Mais, **à l'avenir, le meilleur leader** sera **la personne qui sait poser les meilleures questions**. » Voilà qui rejoint bien l'idée de l'amateur dans les estrades, le fameux supporter.

On entend souvent des gens d'affaires en vue affirmer que leur travail consiste essentiellement « à motiver les personnes-ressources » de leurs entreprises. Mais combien d'entre eux savent véritablement poser les bonnes questions ?

34

Dans l'approche orientée vers les solutions, on affirme que :

La qualité de votre vie (personnelle, professionnelle)
**est proportionnelle à la qualité des questions
que vous vous posez.**

De plus, **la qualité de votre organisation** est directement **proportionnelle à la qualité des questions que les membres de l'équipe** (gestionnaires, employés) **se posent.**

Naturellement, les **questions** que vous posez **s'inspirent** de vos **croyances** de base et de vos **présuppositions** fondamentales.

Donc, selon cette approche, il est très important d'être conscient des présuppositions que nous faisons. Il est essentiel d'être conscient que **nos croyances créent nos attentes** qui, elles, influencent profondément notre expérience de la « réalité » et par conséquent le style de questions que nous allons poser.

Dans le chapitre précédent, nous avons décrit les trois générations en communication. C'est important, à ce moment-ci, de constater que **dans la première, la deuxième et la troisième génération, les croyances (et les attentes) sont totalement différentes !** Donc, **les questions** que l'on va poser comme communicateur **sont totalement différentes.**

Pour **la première génération** de communicateurs, la croyance de base, la présupposition, c'est qu'il faut absolument comprendre le problème. Donc, le communicateur pose beaucoup de questions au sujet du problème. Le résultat, de temps en temps, c'est ce que j'appelle **l'hypnose négative.** C'est-à-dire qu'**en parlant beaucoup du ou des problèmes, on les renforce** et on aggrave la situation. De plus, cela crée souvent ce que j'appelle le « **blâme négatif** ». Le processus est souvent dévalorisant, culpabilisant et « désénergisant » pour l'autre personne.

35

Dans la **deuxième génération,** on croit qu'il faut absolument comprendre les cercles vicieux pour les dénouer. Il faut beaucoup de temps pour saisir et rompre ces cercles vicieux. Cela aussi peut devenir de **l'hypnose négative** et/ou du **blâme négatif.** Cela peut même saper l'énergie de vos employés, de vos collègues, de votre conjoint ou de vos enfants.

L'HISTOIRE DU CHÔMAGE

Alors que j'animais un séminaire de trois jours auprès d'une soixantaine de professeurs, le directeur de l'école m'a dit :

« Fletcher, je suis le maire de mon village. Il y a ici un gros problème de chômage. Le gouvernement nous a donné une subvention de 60 000 $ pour étudier le problème. Deux ans plus tard, nous avons un livre de 5 cm d'épaisseur qui nous permet de bien comprendre le problème. On n'a pas de solution, mais mon Dieu qu'on comprend bien le problème ! » C'est ça, la première génération.

Récemment, un directeur des services sociaux m'a convoqué. « J'ai de gros problèmes dans ma boîte », m'a-t-il dit. « Beaucoup de conflits. J'ai même un problème moral sur les bras. Je veux bien te payer pendant six mois afin que tu étudies le problème. » J'ai éclaté de rire. Bien sûr, j'ai perdu le contrat. Je n'ai pas assez fait d'accompagnement. J'ai imposé « ma vérité » de la troisième génération à quelqu'un qui en était encore à la première.

UN PROBLÈME DE PRODUCTION

Dans *Le leadership éclairé,* mes collègues Ed Oakley et Doug Krug racontent l'histoire d'une compagnie américaine qui avait signé un contrat de cinq ans pour livrer des logiciels à une importante société. Si les employés complétaient le projet plus tôt que prévu, la compagnie recevrait une prime se chiffrant à des millions de dollars. Mais s'ils prenaient du retard, l'entreprise devrait débourser plusieurs millions de dollars en guise de pénalité.

Malheureusement, après deux ans de travail, la compagnie cumulait quatorze mois de retard. Vous imaginez le stress des gestionnaires de cette organisation ?

Les cadres supérieurs de l'entreprise et les gestionnaires descendaient régulièrement à l'usine pour tenter de trouver le problème et de le circonscrire. **Pourquoi** est-ce que notre plan de production ne fonctionne pas tel que prévu ? **Pourquoi** accumulons-nous autant de retard ? Toutes les questions posées, à chaque niveau de l'entreprise, commençaient par le mot **pourquoi.** C'est compréhensible :

Première génération = Explication du problème

La situation était toujours la même quand mes deux collègues américains sont entrés dans l'entreprise avec **leurs stratégies de troisième génération, la communication orientée vers les solutions.** Ils ont enseigné à tous les membres de chaque équipe à se poser d'abord les **deux questions** suivantes, **orientées vers les solutions** :

1- Quel est le but ?
2- Comment avancer minimalement vers l'objectif ?

La première question : « **Quel est le but ?** » étant précisée, mes deux collègues ont posé la question numéro deux : « Quelle est **la petite chose que chaque membre de l'équipe peut faire maintenant** pour **avancer un petit peu vers le but ?** »

Cet exercice a eu pour effet de renverser totalement la tendance et les employés ont réussi à livrer tous les logiciels en quatre ans seulement, ce qui a permis à l'entreprise d'encaisser une prime de plusieurs millions de dollars !

Permettez-moi de répéter : **La qualité de votre vie** (person-nelle, professionnelle, organisationnelle) sera **proportion-nelle à la qualité des questions que vous vous posez.** C'est pourquoi, tout au long de ce livre, on vous présentera plu-sieurs questions de la troisième génération, **des questions de qualité, des questions orientées vers les solutions.**

Nous avons vu comment Milton Erickson a obtenu d'ex-cellents résultats auprès d'un patient déprimé qui faisait du « surplace » dans sa souffrance depuis des années : il l'a hypno-tisé et il l'a envoyé dans l'avenir, là où le problème n'existait plus.

Nous n'avons pas besoin d'utiliser l'hypnose formelle ou l'hypnose ericksonnienne pour obtenir de bons résultats. Parce que :

Nous sommes tous des hypnotiseurs !

Chaque question que nous nous posons à nous-mêmes ou que nous posons aux autres est en train d'**orienter** notre attention ou celle des autres. Si je demande : « Pourquoi avons-nous un problème ? », je nous oriente vers le pro-blème. Dans **l'approche orientée vers les solutions,** on va vers l'avenir. Le communicateur dirige l'autre personne vers les solutions.

À titre de consultant en gestion, je donne une quarantaine de séminaires de formation par année. Généralement, j'en suis très content. Cependant, chaque année, il y a une ou deux séances auxquelles les participants sont moins enthousiastes.

DES QUESTIONS POUR LES SITUATIONS DIFFICILES

Dans le passé, je me posais des questions de la première génération comme : « **Pourquoi** la salle était-elle moins enthousiaste ? **Pourquoi** tel participant a-t-il posé telle question qui dénotait une insatisfaction ? **Pourquoi** ai-je été maladroit ? »

Maintenant, je suis davantage inspiré par la troisième génération, la communication orientée vers les solutions.

Donc, je me pose plutôt les deux questions suivantes :

1- « **Qu'est-ce que je suis en train d'apprendre** dans cette organisation qui me semble plus difficile ? » Ou encore : « Qu'est-ce que je suis en train d'apprendre avec ce client qui me semble moins satisfait ? »

2- « **Comment agirai-je autrement à l'avenir afin d'obtenir de meilleurs résultats, plus satisfaisants** pour toutes les personnes concernées ? »

Cette approche est non culpabilisante, non blâmante pour moi et pour les autres. C'est une approche d'abondance. Est-ce que vous voyez, entendez ou ressentez la différence dans ces questions de la troisième génération, orientées vers les solutions ?

LA QUESTION-MIRACLE

Erickson a employé l'hypnose formelle pour envoyer son client dans l'avenir. Nous n'avons pas besoin de faire cela parce que nous utilisons **des questions simples** orientées vers les solutions afin d'obtenir les mêmes résultats. La première question de l'approche est la **question-miracle**.

Il y a plusieurs façons de poser la question-miracle. Vous trouverez la façon la plus appropriée pour vous, vos collègues, vos collaborateurs ou les membres de votre famille. Vous pouvez dire, par exemple : « **Si ça va mieux pour vous dans votre entreprise, dans votre bureau ou dans votre famille** (ou si ça va « un petit peu moins mal »), **qu'est-ce qui**

39

sera différent ? Comment allez-vous **savoir** que c'est différent ? Qu'est-ce que vous allez **voir** ? Qu'allez-vous **entendre** ? Comment allez-vous **agir** ? Qu'allez-vous **ressentir** si le problème n'est plus là, si la solution a été trouvée ? »

Dans votre vie personnelle, à votre conjoint, à votre enfant ou à d'autres membres de votre famille, vous pouvez poser la question d'une manière plus fantaisiste. Après un petit préambule destiné à la personne en difficulté, vous lui dites : « J'ai une question un peu farfelue, un peu bizarre à te poser ; elle s'appelle **la question-miracle.** Supposons que cette nuit pendant ton sommeil, la fée des étoiles vient avec sa baguette magique. Elle l'agite et tous tes problèmes disparaissent. Quand tu te lèveras le lendemain matin et dans les jours et les semaines qui suivront, **comment vas-tu savoir qu'un miracle est survenu ?** Qu'est-ce que tu vas voir ? entendre ? sentir ? faire ? Qu'est-ce qui va te démontrer que le problème a été remplacé par une solution ? »

ET QUOI ENCORE ?

La question : « Et quoi encore ? » permet à la personne de faire **une description aussi riche que possible** de la solution désirée. Le fait de décrire en détail un avenir dans lequel le problème est déjà résolu aide à créer **l'attente** que le problème sera résolu. **Cette attente,** une fois créée, peut aider le client à penser et à agir d'une manière qui **va mener** à **l'accomplissement** de cette attente. Nous sommes en train d'**arroser les fleurs.**

Peu importe comment vous avez choisi de formuler la question-miracle, **le but** et le résultat **de cette question sont de projeter la personne** en difficulté **dans l'avenir** où elle commence à **voir,** à **entendre** et à **sentir** ce qu'elle désire vivre au lieu de résister à ce qu'elle ne veut pas.

Au lieu d'attaquer le problème, **on « énergise » les solutions.** Ce n'est pas du tout la même chose. Énergétiquement, c'est très différent.

40

Pour lancer la question-miracle, choisissez la formulation avec laquelle vous êtes le plus à l'aise. Vous pouvez l'adapter à vos besoins du moment ainsi qu'à votre personnalité et à celle de l'autre personne. Dans une grande usine, j'ai remarqué qu'un directeur posait la question-miracle de cette façon :

« Si vous obtenez le résultat idéal, qu'allez-vous remarquer ? »

J'ai suggéré aussi à certains gestionnaires des formulations comme :

« **Si ça va mieux dans l'entreprise,** dans l'organisation et pour toute l'équipe, **qu'est-ce qui va s'être passé ? Qu'est-ce qui va se passer ?** »

J'ai enseigné à un professeur comment poser la question-miracle à ses étudiants jugés récalcitrants :

« Si ça va mieux pour toi à l'école en mathématiques, qu'est-ce qui sera différent dans ton comportement ? Dans la maîtrise de cette matière ? »

ARROSEZ LES FLEURS... PAS LES MAUVAISES HERBES !

S'il y a des fleurs sur la page couverture de ce livre, c'est pour nous rappeler que nous sommes tous des jardiniers. Que nous avons choisi d'arroser les fleurs, les graines... pas les mauvaises herbes !

ACCORDEZ VOTRE ATTENTION À CE QUE VOUS VOULEZ VOIR GRANDIR !

À la suite d'un séminaire que j'ai donné à 250 gestionnaires, la moitié d'entre eux se sont acheté un arrosoir. Ils ont placé leur arrosoir, de tailles et de styles différents bien en évidence dans leur bureau afin de se rappeler qu'ils étaient des jardiniers et que leur tâche était d'arroser ce qui allait bien dans leur organisation et chez leur personnel. «Énergiser» ce qui est positif et ce qui marche!

C'est à ce moment, je pense, que j'ai décidé de donner ce titre à mon livre.

ARROSEZ LES FLEURS...
PAS LES MAUVAISES HERBES!

À peu près au même moment, un autre sous-titre m'est venu à l'esprit: **la souffrance est optionnelle.**

Il ne s'agit pas de nier la souffrance. Je sais qu'il y a de la souffrance partout sur la planète. En ce moment, il y a plus de guerres sur la terre qu'il n'y en a jamais eu dans toute l'histoire de l'humanité. Les trois quarts de la planète meurent de faim. Je ne nie pas tout ça mais j'ai observé que nous, les êtres humains, **avons tendance à résister** à beaucoup de choses dans notre vie quotidienne. Quand je dis que la souffrance est optionnelle, je veux dire que si nous apprenions à moins résister aux événements et aux personnes dans notre vie, cela pourrait peut-être contribuer à la diminution, voire à la disparition de la souffrance. (Voir chapitre 10.)

L'idée d'arroser les fleurs, les graines, les semences, c'est de **l'hypnose positive.** Nous allons énergiser ce que nous voulons créer pour nous-mêmes, pour nos collègues au bureau, pour nos clients, pour notre conjoint, pour nos enfants.

LES SOUVENIRS DANS L'AVENIR!

Nous avons tous ce qu'on appelle une «ligne du temps», c'est-à-dire une succession de lieux où nous classons nos souvenirs dans l'espace. Afin de l'expérimenter, tentez de visualiser un souvenir de vous plutôt joyeux ou neutre à l'âge de six ans.

Imaginez qu'il y a devant vous un écran invisible. L'endroit où se poseront vos yeux lorsque vous aurez trouvé votre souvenir sera l'endroit où vous classez ce souvenir dans l'espace.

Ne me croyez pas sur parole. Afin de vérifier cette théorie, déplacez vos yeux sur l'écran imaginaire et tentez de visualiser votre souvenir ailleurs ; vous vous rendrez compte que l'image du souvenir n'est claire qu'à un seul endroit.

Nous avons des souvenirs, des plans, des projets, autant dans l'avenir que dans le passé. Ces souvenirs dans l'avenir sont comme **des attentes** – des **prophéties qui s'autoréalisent.**

Dans le monde de l'éducation, un étudiant peut dire : « Je n'ai jamais aimé l'école et je ne l'aimerai jamais ! » ou bien : « Je n'ai jamais été bon en maths et je ne le serai jamais ! » Ce sont des **souvenirs** du passé projetés **dans l'avenir.**

Le père de mon oncle est décédé à l'âge de quatre-vingts ans. Mon oncle, qui est âgé de soixante-dix-huit ans, nous a répété à quelques reprises : « Moi aussi, je vais mourir à quatre-vingts ans. » Il commence à subir des crises cardiaques à répétition. Il se prépare à mourir à quatre-vingts ans. Un souvenir dans l'avenir !

La mauvaise nouvelle, c'est que nous avons tous des **croyances, des souvenirs négatifs, pessimistes, dysfonctionnels** que nous avons injectés dans l'avenir.

La bonne nouvelle, c'est que **rien n'est fixé dans le béton.** La bonne nouvelle, c'est qu'avec la question-miracle nous pouvons tous voyager sur la ligne du temps. Notre **question-miracle** peut nous aider à nous transporter dans l'avenir pour y remplacer **nos croyances,** nos présuppositions, nos souvenirs négatifs, pessimistes et dysfonctionnels par des **souvenirs plus optimistes, positifs, fonctionnels.** Si ça va mieux dans l'entreprise ou encore à l'école, comment cela se passera-t-il? Si ça va mieux dans votre couple, dans votre mariage, au bureau, avec un client difficile, avec un enfant difficile, comment cela se passera-t-il? Et soudainement vous êtes en train **d'arroser les fleurs.** Vous êtes en train d'«énergiser» les choses que vous désirez.

Un exemple que j'aime beaucoup est celui de la championne canadienne de plongeon, Sylvie Bernier, qui a gagné la médaille d'or aux Jeux olympiques de Los Angeles en 1984. «Avant de participer aux Jeux, j'avais déjà gagné cette médaille d'or mille fois», a-t-elle affirmé. Elle avait emmagasiné **des souvenirs dans l'avenir.** C'est de la **visualisation créatrice.** «Je me voyais en train de plonger, de sortir de l'eau, d'avoir de bons résultats. Je me voyais en train de monter sur le podium, de recevoir la médaille...» Nous avons, nous aussi, cette possibilité pour nous-même, pour nos clients, pour nos amis, pour les membres de notre famille, de nous projeter dans l'avenir. La question-miracle nous y propulse.

CONCLUSION

Dans ce chapitre, nous avons abordé l'importance de nos présuppositions et de nos croyances de base. Nous avons démontré en quoi les croyances de base des trois générations en communication sont significativement différentes. Nous avons vu aussi comment ces distinctions de croyances génèrent des différences importantes dans notre style d'intervention.

Nous allons continuer à explorer les principales présuppositions de la troisième génération: **les métacroyances.**

Chapitre 4

LES MÉTACROYANCES

Nous sommes tous des communicateurs dans les différents domaines de nos vies. C'est pourquoi nous allons d'abord découvrir la principale personne que nous pouvons aider… tout le temps !

QUELLE EST LA PRINCIPALE PERSONNE QUE NOUS POUVONS AIDER ?

C'est nous-même… tout le temps ! En effet, si vous faites face à un conflit familial, ou encore à une sévère crise professionnelle, et que vous n'êtes pas en «état de ressource» (c'est-à-dire en pleine possession de tous vos moyens), vous avez besoin de **ralentir** pour **prendre soin de vous-même**. Si vous êtes fâché ou déprimé, découragé ou effrayé, si vous n'êtes pas en paix, vous n'avez pas accès à toutes vos ressources, à toutes vos possibilités.

L'ÉGOÏSME ÉCLAIRÉ !

Que veut-on dire par «égoïsme éclairé»? Cela signifie que nous avons besoin de **prendre soin de nous d'abord afin de**

mieux prendre soin des autres. Nous avons besoin de **nous remettre dans** ce que l'on appelle un **état de ressource** avant d'intervenir. Dans la communication orientée vers les solutions, on appelle cette phase très importante : **ralentir pour accélérer !**

Voici une prière qui remonte à la nuit des temps et dont on attribue l'origine à différents mouvements humains et, plus récemment, aux Alcooliques Anonymes. La réciter peut vous rappeler en douceur l'importance de vous reconnecter avec la paix intérieure qui est votre meilleure ressource.

LA PRIÈRE DE LA SÉRÉNITÉ

> **Seigneur, donnez-moi le courage de changer
> les choses que je peux changer,
> La sérénité d'accepter les choses que je ne peux
> pas changer
> (pour le moment...)
> Et la sagesse d'en reconnaître la différence !**

Récemment, j'ai rencontré par hasard le directeur général d'une organisation qui avait suivi une session sur **la communication orientée vers les solutions** (COS). Je lui ai demandé ce qui comptait le plus dans ce qu'il avait retenu de son expérience. Quel était l'aspect de **la COS** qu'il avait trouvé le plus utile dans sa vie en général et, plus particulièrement, dans sa vie de gestionnaire. Il a répondu : « Sans doute la **Prière de la sérénité**. Je ne pousse plus, je ne lutte plus contre les choses que je ne peux pas changer pour le moment. » C'est vraiment une prière préventive contre l'épuisement professionnel.

L'HISTOIRE DU CHEVAL

D'un certain point de vue, ce livre (et les formations qui l'ont inspiré) peut être considéré comme **une série d'histoires — une série de métaphores** qui illustrent les points importants de **la COS**. Parmi toutes ces histoires, il y en a trois majeures.

La première, qui a été racontée au premier chapitre, s'appelle : « **Je n'ai pas la vérité !** » La deuxième histoire vient aussi de Milton Erickson. C'est **l'histoire du cheval**.

Alors que Milton Erickson était âgé de quinze ans, il jouait avec un copain à la ferme de son père au Wisconsin. Un jour, un cheval égaré accourut sur le terrain familial. Erickson est tout de suite monté sur le cheval. Son copain a lancé : « Que fais-tu sur ce cheval ? Tu ne le connais pas ! Ce peut être très dangereux ! » « Oui, c'est vrai, mais je suis curieux ! » lui a répondu Erickson.

Il a guidé doucement le cheval vers la petite route devant la ferme. Celui-ci a commencé à trotter, puis s'est dirigé vers le fossé pour brouter de l'herbe. Très doucement, très respectueusement, très paisiblement, Milton Erickson a ramené le cheval sur la route où il a galopé quelques minutes avant d'entrer dans le fossé de l'autre côté de la route.

Encore une fois, Erickson, très doucement et respectueusement, a ramené le cheval sur la route. Puis ils se sont promenés une quinzaine de minutes avant que le cheval ne s'égare encore dans le champ voisin.

Erickson, une fois de plus, a ramené le cheval sur la route. La promenade a duré quelques heures, puis ils sont arrivés à une croisée de chemins et le cheval s'est mis à galoper à vive allure. Très rapidement, il est arrivé à une ferme où il s'est immobilisé devant un vieux cultivateur qui travaillait avec ses outils.

Le cultivateur a levé la tête et il a dit : « C'est formidable, c'est merveilleux ! C'est mon cheval ! Comment as-tu su que c'était mon cheval ? » Et Erickson a répondu : « **Ce n'est pas moi qui le savais. C'est le cheval !** »

Et c'est comme ça que l'on fait une bonne **communication orientée vers les solutions !** Souvent, ce n'est pas moi qui sais, c'est la personne que je veux aider (mon client). Ce n'est pas moi qui sais, c'est mon associé ou mon partenaire, c'est mon conjoint ou mon enfant. Qu'est-ce que je faisais dans le passé ? Je sautais sur le terrain, je prenais le cheval sur mon dos et je marchais, très souvent dans une direction où il ne voulait pas aller. Avez-vous déjà fait ça ? Avez-vous déjà **porté le cheval ?**

DE PLUS EN PLUS ON EN FAIT DE MOINS EN MOINS ! POURQUOI TRAVAILLER ?

Voilà une autre de nos devises favorites dans **la COS**. Savez-vous combien pèse un cheval ? De huit cents à mille kilos ! Ça fait beaucoup de poids sur votre dos. Et beaucoup de personnes ne portent pas que le cheval ; **elles portent toute l'écurie** : l'écurie des familles, des amis. L'écurie des coéquipiers du bureau, l'écurie des employés, etc. Vous reconnaissez-vous ?

Je rencontre souvent des groupes, des organisations qui ont adopté l'approche de **la communication orientée vers les solutions.** Chaque fois, immanquablement, je reçois les deux mêmes commentaires. Premièrement, ils disent qu'**ils sont agréablement surpris par les forces, les ressources et les solutions jusqu'alors insoupçonnées** des gens qui les entourent. Deuxièmement, ils disent : « **Je porte beaucoup moins le cheval !** »

La métaphore du cheval est très riche. Souvent la personne qui nous confie ses difficultés s'égare dans le champ des problèmes. C'est **la façon unique de coopérer** avec nous qu'elle a trouvée. Notre responsabilité comme communicateur orienté vers les solutions (troisième génération, supporter), c'est de **ramener le cheval sur le chemin des solutions,** le chemin des forces, des ressources, des bons buts.

IL N'Y A PAS QU'UNE SOLUTION, IL Y EN A DES MILLIERS !

Quand on ne porte plus le cheval, on est un supporter. On reste dans les estrades et on pose **les questions** de la troisième génération, des questions de qualité, celles qui sont orientées vers les solutions. Ces questions **permettent** aux collègues, **au conjoint** ou à toute autre personne **de trouver la solution la plus appropriée** pour tous. On encourage, on arrose, on valorise la solution et on collabore à sa réalisation dans la joie. Si c'est l'autre personne, par exemple, qui trouve la solution, elle sera bien sûr davantage portée à l'appliquer.

Quand j'étais plus jeune, j'ai été formé pour être un expert. J'étais un expert de la première et de la deuxième génération. C'était mon travail d'aider le client le plus vite possible. Je lui offrais une solution d'expert et quand il acquiesçait à ma solution experte, j'étais très content. Le client aussi ! Tout le monde était content !

Quand le client n'acceptait pas ma solution d'expert de la première ou de la deuxième génération, il m'arrivait parfois d'être frustré et même un peu découragé. Le client aussi ! Et, de temps en temps, **j'étiquetais négativement cette personne :** « Vous êtes **résistant !** Vous ne collaborez pas. Vous êtes **difficile !** Vous n'êtes absolument **pas motivé.** » Voilà les principaux recadrages négatifs que j'utilisais alors pour décrire un client qui n'était pas « acheteur » de ma solution, de ma vérité.

L'ÉVOLUTION DES SOLUTIONS

Depuis que j'en fais moins, je connais la situation de l'autre personne, je connais l'état de son problème et je connais son but.

De plus, je sais — vous le savez aussi probablement — qu'un problème qui est en train de se résoudre n'évolue pas forcément en ligne droite. C'est même très rare. Il passe par des hauts et des bas. Il monte et descend et parfois il redescend très bas avant de remonter. Même une maladie peut sembler s'aggraver avant de guérir.

DIAGRAMME D'ÉVOLUTION DES SOLUTIONS

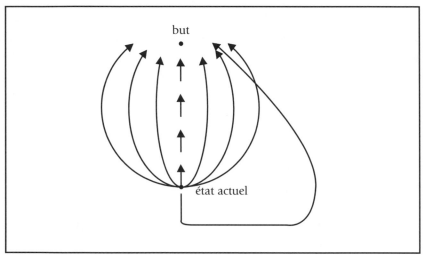

Il n'y a pas qu'une solution, il y en a des milliers !

Si vous regardez le diagramme de l'évolution des solutions, ci-dessus, vous pouvez remarquer qu'il y a plusieurs façons d'aller de l'état du problème, de l'état actuel du client, vers le bon but, vers l'état des solutions. En effet, **il n'y a pas qu'une solution, il y en a des milliers**.

L'histoire du cheval d'Erickson nous enseigne que ce n'est pas nous qui choisissons le sentier du cheval ni même sa vitesse. Nous ne décidons pas. Coopérer, faire de l'accompagnement, **accepter le chemin, le sentier de l'autre permet souvent d'accélérer la démarche**. Rappelez-vous : cette approche (la COS) est basée sur le principe que « **Je n'ai pas la vérité** ! » Une telle attitude me permet d'être beaucoup plus ouvert à la vérité de l'autre personne et aux solutions qu'elle pourra trouver.

Si je blâme, si je culpabilise l'autre personne, je la dévalorise de n'avoir pas accepté ma solution. Je la prive de ses ressources et j'entre en conflit avec elle. Dans cette approche de la troisième génération on sait très bien que peu importe ce que l'autre personne fait, **elle a sa façon unique de coopérer avec nous.**

IL N'Y A PAS DE PROBLÈMES... SEULEMENT DES OCCASIONS !

Connaissez-vous des gens qui n'ont jamais eu de problèmes personnels ou professionnels ? Quand on étudie le **chinois,** on découvre qu'un problème est une occasion. La langue chinoise est basée sur des **idéogrammes,** des mots-images. Il est intéressant de découvrir que l'idéogramme du mot **crise** (ou **problème**) est exactement le même que celui du mot **occasion.**

EXERCICE

• Nous allons faire ici un petit exercice. Je vous demande de vous asseoir confortablement, de fermer les yeux et de répéter dix fois la phrase : « J'ai un gros problème ! » en observant bien ce que vous ressentez physiquement et émotionnellement. Soyez très attentif à l'effet que cette phrase a sur votre corps et sur vos émotions. Allez-y !

• Généralement, sur le plan physique, cet exercice a les effets suivants : le dos se courbe, les épaules tombent, les sourcils se froncent, le cœur bat un peu plus vite, le sourire s'éteint, la mâchoire se resserre et la respiration peut devenir haletante. Sur le plan émotionnel, les gens deviennent souvent nerveux, tristes ou angoissés en réalisant cet exercice.

• Bougez un peu, levez-vous pour aller chercher un verre d'eau si vous en avez envie, puis nous allons refaire

51

l'exercice. Réinstallez-vous confortablement, refermez les yeux, puis répétez dix fois la phrase suivante : « J'ai une belle occasion ! J'ai une belle occasion... ». Encore une fois, observez les effets de cette phrase sur votre état physique et émotionnel.

IDÉOGRAMME CHINOIS

Il n'y a pas de problème (crise), que des occasions.

Quand je fais faire cet exercice à un vaste auditoire, je vois apparaître de jolis sourires. Les corps deviennent détendus, les épaules et les mâchoires se relâchent. Un état de bien-être intérieur s'installe. Cette phrase **dynamise** les gens, leur injecte de l'énergie.

Si vous êtes de type visuel et que je vous dis : « Vous avez un gros problème ! » vous allez voir noir. Si je dis : « Vous avez une belle occasion », c'est un peu plus éclairé à l'intérieur, n'est-ce pas ?

Nous venons de faire ce que l'on peut appeler un **exercice d'autohypnose.** Je suggère, et c'est confirmé par la science, que **chaque mot est un ancrage,** c'est-à-dire qu'il a le pouvoir de créer un état. Le répéter entraîne une induction de transe, une induction hypnotique. Qu'est-ce que cela signifie? Selon Deepak Chopra, médecin et directeur-fondateur du Centre corps-esprit en Californie, **chaque mot et même chaque syllabe de chaque mot peut déclencher des réactions biochimiques et physiologiques dans notre corps.** Ces réactions affectent notre état physique et émotionnel. Des mots positifs nous affectent positivement et des mots négatifs nous affectent négativement.

Idéalement, l'exercice vous a permis d'expérimenter directement ces effets. Par conséquent, on peut constater qu'**il est important de bien choisir nos mots** autant pour notre entourage que pour nous-mêmes. Il est également important de bien choisir nos images.

IL N'Y A PAS D'ÉCHECS...
SEULEMENT DES APPRENTISSAGES !

Dans cette perspective, il faut procéder à quelques changements dans son vocabulaire, notamment avec le mot «échec». Savez-vous que depuis quinze ans, je n'ai pas connu d'échec dans ma vie? Non, seulement des apprentissages. Une telle perspective change nos rapports à la vie et au monde, je vous assure! Dans la COS, on dit qu'il n'y a **pas d'échecs, seulement des apprentissages.**

Parler de «gros échecs» a des effets marquants sur le corps et sur les émotions. Vous pouvez refaire l'exercice que nous venons de réaliser avec les mots «problème» et «occasion» en utilisant les mots «échec» et «apprentissage». En répétant la phrase: «Je vis un gros échec!» vous ressentirez à quel point elle est «désénergisante», dévalorisante, voire même déprimante. En revanche, quand on utilise la phrase: «Je vis un bel apprentissage», l'expérience devient neutre ou même positive et dynamisante.

SE PLACER EN ÉTAT DE RESSOURCE !

Récemment, un président-directeur général qui avait suivi mon cours m'a raconté cette histoire : « Fletcher, je quittais une réunion de mon conseil d'administration. J'étais découragé. Je me suis dit : "Mon Dieu, j'ai échoué." Mais, soudainement, m'est venue cette pensée de la COS : "Non, non, ce n'est **pas un échec,** c'est **un apprentissage.**"» Cet homme s'est senti immédiatement mieux. Il a continué à pratiquer la communication orientée vers les solutions avec **son client principal** : lui-même.

Il s'est posé **les deux questions COS pour les situations difficiles** :

1- Qu'est-ce que j'ai appris ?

2- Comment vais-je agir différemment à l'avenir ?
   Et ça l'a sorti de la déprime. Réagir de cette façon ne signifie pas nier la réalité. Cet homme était découragé, mais en se demandant ce qu'il avait appris, il se mettait en état de découverte, de ressource. « Comment vais-je agir différemment à la prochaine réunion du conseil d'administration afin d'obtenir des résultats plus satisfaisants pour tout le monde ? » Il s'est posé la question-miracle. **Il s'est projeté dans l'avenir,** dans un avenir meilleur pour tout le monde. Voici une autre utilisation de la métacroyance : il n'y a pas d'échecs, seulement des apprentissages !

CE MOMENT EST PARFAIT

La situation dans laquelle vous vous trouvez en ce moment est absolument parfaite pour votre croissance et votre apprentissage.

Une autre métacroyance de la COS est inspirée de Milton Erickson. Il a comparé les êtres humains à **des plantes et des**

fleurs en train de s'épanouir. Une plante ou une fleur peut être blessée ou abîmée, peut connaître des difficultés. Mais, dit Erickson, «**la situation dans laquelle vous vous trouvez en ce moment est** absolument **parfaite** pour votre croissance, pour votre **apprentissage,** pour votre ouverture, pour votre **épanouissement**».

Nous tendons constamment vers une transformation, vers la guérison. Vous allez apprendre et vous êtes en train d'apprendre quelque chose que vous pourrez utiliser dans l'avenir pour rendre votre vie meilleure. La fleur est en train d'évoluer, de s'épanouir à sa façon unique.

Erickson continue : «Si on met l'**accent sur ce qui est positif,** sur les petits mouvements dans la bonne direction, on va amplifier ces améliorations, ce qui **créera davantage de coopération** avec l'autre personne.»

LA QUALITÉ DE VOTRE VIE EST DIRECTEMENT PROPORTIONNELLE À LA QUALITÉ DES DISTINCTIONS QUE VOUS FAITES !

Ce livre vise à fournir des outils de compréhension pour rendre plus harmonieuses vos communications tant sur le plan professionnel que sur le plan personnel. Ces outils se présentent souvent sous forme de distinctions entre des éléments qui peuvent se ressembler mais qui sont pourtant bien différents. Décoder les distinctions entre ces points vous permettra d'améliorer grandement votre compréhension de la vie et, par conséquent, votre vie elle-même !

Dans le chapitre précédent, vous avez appris que la qualité de votre vie est directement proportionnelle à la qualité de vos questions. Maintenant, voici une autre métacroyance de la COS : **la qualité de votre vie est également proportionnelle à la qualité des distinctions que vous faites.**

D'un certain point de vue, ce livre peut être considéré comme **une série de distinctions enrichissantes.**

Vous vous demandez ce que je veux dire par «distinctions»? Laissez-moi vous donner un exemple: aujourd'hui, nous savons tous que nous réagissons spontanément en privilégiant un mode de perception plutôt qu'un autre: certaines personnes réagissent d'abord sur un mode visuel, d'autres sur un mode auditif, alors que d'autres sont davantage kinesthésiques, c'est-à-dire qu'elles perçoivent les personnes, les situations, les climats plutôt par leurs sensations que par l'ouïe ou la vue.

UN COUPLE EN DIFFICULTÉ

En tant que consultant, j'ai travaillé avec des couples en difficulté. J'ai connu un homme qui était auditif et qui disait à sa femme: «Je t'aime.» Et il voulait entendre ces mots-là. Son épouse était kinesthésique. Elle donnait des câlins et voulait recevoir des câlins. Ils étaient au bord du divorce quand ils sont entrés dans mon bureau.

Je leur ai expliqué ces distinctions (visuel, auditif, kinesthésique) et la personne qui était auditive a appris à faire les petits gestes tendres que l'autre attendait. Celle qui était kinesthésique a appris à dire: «Je t'aime.» Ils vécurent heureux et eurent de nombreux enfants. Comprenez-vous mieux, maintenant, l'importance des distinctions?

Cet exemple constitue bien sûr une simplification exagérée, mais il donne une bonne image **des distinctions qui peuvent enrichir notre vie.**

Dans le deuxième chapitre, nous avons déjà exposé **une distinction** extrêmement **importante** entre les trois générations en communication. Dans le troisième chapitre, nous avons remarqué comment la connaissance des distinctions entre ces trois générations affectera le style et la qualité de vos questions. Si vous appartenez à la première génération, beaucoup de vos questions commenceront par le mot « pourquoi ». L'explication des problèmes à l'aide du passé vous intéressera beaucoup. Si vous êtes à tendance « troisième génération », vous poserez plutôt les questions orientées vers les solutions et vous vous dirigerez plus rapidement vers l'« énergisation » des solutions dans l'avenir. Première, deuxième, troisième génération : **des distinctions enrichissantes !**

Tout au long de ce livre, on vous présentera d'autres distinctions enrichissantes. Parmi les plus importantes, je veux **souligner** immédiatement les trois styles de coopération (chapitre 6) et les trois types d'animaux dans la mer (chapitre 12).

La COS est d'une simplicité agréablement surprenante. Voyons maintenant ses **trois règles élémentaires.**

Chapitre 5

LES TROIS RÈGLES ÉLÉMENTAIRES

Avez-vous déjà remarqué combien nous, les êtres humains, sommes des génies pour compliquer nos vies ?

LE PRINCIPE DU RASOIR D'OCCAM

Peut-être avez-vous déjà entendu parler du **principe du rasoir d'Occam.** Guillaume d'Occam est considéré comme un des plus grands penseurs du Moyen Âge. Il disait : « **S'il y a plusieurs solutions, choisissez toujours la plus simple !** »

Parmi les aspects les plus agréables qui m'ont attiré du côté de la communication orientée vers les solutions (**la COS**), il y a sa **simplicité.** La première génération est assez complexe : on peut travailler des années avant de la maîtriser vraiment. La deuxième génération est moins compliquée, mais c'est aussi une approche basée sur l'expertise que l'on prend pas mal de temps à intégrer. En revanche, la troisième génération est extrêmement simple. Souvent, les étudiants commencent à l'appliquer avec succès dès leurs premiers contacts avec cette philosophie.

Dans la communication orientée vers les solutions, il y a trois règles simples que l'on appelle les règles élémentaires.

RÈGLE NUMÉRO 1 : SI ÇA MARCHE, NE CHANGEZ RIEN !

Souvent, nous changeons ce qui marche ou même nous inventons des problèmes. Nous cultivons l'art de compliquer les choses. Avant que le consultant arrive dans une entreprise, le problème est relativement simple, mais quand il repart, ou bien il en a découvert plusieurs ou encore, à force d'être étudié, le problème a grossi. C'est ce que l'on appelle « l'hypothèse de la pointe de l'iceberg ».

RÈGLE NUMÉRO 2 : DÈS QUE VOUS SAVEZ CE QUI FONCTIONNE, CE QUI VA BIEN, FAITES DAVANTAGE DE CE QUI MARCHE !

L'idée, c'est que dans nos entreprises, dans nos bureaux gouvernementaux, dans nos écoles, dans nos familles, il y a beaucoup de choses qui vont bien chez les personnes en difficulté. Quand on découvre cela, il devient intéressant **d'arroser les fleurs…** pas les mauvaises herbes. Il devient intéressant d'accentuer ce qui marche, ce qui va bien !

LA QUESTION-EXCEPTION

Dans l'approche proposée dans ce livre, notre première question-clé est la question-miracle (chapitre 3). La deuxième, c'est la **question-exception**. Elle nous aide à **dénicher** les états de **ressources et les solutions actuelles** de nos proches, de nos clients ou de nos collaborateurs. Nous y reviendrons immédiatement après avoir déterminé le but à atteindre.

D'abord, on emploie **la question-miracle pour découvrir le bon but** avec **les mots clés** de l'autre personne.

L'HISTOIRE DE L'ENFANT HANDICAPÉ

Un couple a un enfant handicapé. Avant la naissance de cet enfant, l'homme et la femme réussissaient bien sur le plan professionnel. Ils habitaient une jolie maison dans un quartier cossu et ils étaient entourés d'amis intéressants. Sans aucun doute, l'arrivée de l'enfant a bousculé leur vie. Découvrir à la naissance qu'on a un enfant atteint de graves problèmes est très difficile. C'est dur à accepter.

La question-miracle a permis de dégager les **mots clés** de ces parents qui se trouvaient dans une impasse : si ça va mieux, par rapport à cette situation exigeante, qu'est-ce qui sera différent ?

Le père a dit : « Je vais être **plus détendu** à la maison. »

Et la mère : « Je vais **accepter davantage** le problème de mon enfant ! »

Voilà les **mots clés** de ces personnes, de ce couple.

Souvent, sans faire exprès, nous imposons nos mots clés aux personnes en difficulté autour de nous. Mais avec cette approche, avec la question-miracle, ce sont les mots clés de l'autre qui se révèlent.

Nous avons vu que le père a besoin d'être **plus détendu** et que la mère a besoin d'**accepter davantage la situation.**

Quand nous avons découvert les mots clés de l'autre personne, nous pouvons passer à la question-exception.

61

LA QUESTION-EXCEPTION

« **Est-ce qu'il y a déjà des moments** (des exceptions) **où vous êtes** un peu **plus détendu** à la maison (le but du père) ? »

« **Est-ce qu'il y a déjà des moments** (des exceptions) où vous **acceptez davantage** la situation de votre enfant (le but de la mère) ? »

On connaît maintenant le problème. Afin d'avoir une vision plus complète, on a besoin d'information sur ce qui se passe **quand** le problème n'est pas là.

« **Quand** est-ce que vous ne connaissez pas le problème ? » « Quand est-ce que vous expérimentez **moins** le problème ? » Ce sont toutes des formulations possibles de la question-exception. Notez bien l'importance ici de l'adverbe : **quand ?** Ce mot sert à bâtir une **présupposition hypnotique.** On est en train de **parler indirectement à l'inconscient** des parents. Et le message présupposé par le mot **quand** est le suivant :

Il y a déjà des moments où ça va mieux... ou un petit peu moins mal !

Maintenant, nous allons **arroser ces exceptions ; amplifier les moments où ça va mieux.**

Ce n'est pas du tout une négation : c'est l'amplification, la valorisation des solutions actuelles.

La présupposition hypnotique, c'est la subtilité de cette approche. On ne parle plus directement à l'autre, on s'adresse à son inconscient là où sont les ressources, les solutions. C'est très efficace et très respectueux !

Vous n'êtes pas en train de culpabiliser l'autre, de le blâmer ou de le convaincre de quelque chose. Vous vous adressez à ses ressources, à son plein potentiel.

**Vous découvrez, vous dénichez une fleur
qui peut être arrosée !**

Notez bien que si vous avez affaire à une personne super-plaignante, une personne qui vous dit : « C'est dégueulasse ! C'est écœurant... c'est épouvantable... c'est insupportable, rien ne marche dans ma vie », vous ne pouvez pas dire : « Y a-t-il des moments où ça va mieux ? » Il est préférable de ralentir, de poser la question en tenant compte de **la vérité actuelle** de l'autre personne. Par conséquent, la question sera formulée un peu différemment.

L'HISTOIRE DE LA MÈRE PLAIGNANTE

Une collaboratrice m'a raconté qu'après qu'elle eut découvert cette approche, sa relation avec sa mère a été transformée. Cette amie est très positive, mais sa mère est portée à se lamenter sur son sort. Dans le passé, sa fille l'a toujours encouragée. Elle tentait de lui faire voir sa vie sous un angle positif. Elle lui parlait directement pour l'encourager et ça ne marchait pas.

Cette amie a changé significativement son approche avec sa mère après sa découverte de **la COS**.

Un jour, alors que sa mère se plaignait à nouveau de sa santé, cette amie a employé la question-exception spécialement formulée pour s'adresser aux personnes à tendance *plaignante*. Elle lui a en effet demandé : « **Y a-t-il des moments où ça va un petit peu moins mal ?** » Elle fut très étonnée d'entendre sa mère répondre : « Bien sûr que oui », dégageant enfin des moments où ça allait mieux dans sa vie. Au fond, il s'agit de la même question mais posée en respectant **la vérité actuelle** de l'autre (**accompagnement**).

Si quelqu'un dit : « c'est **désespérant,** c'est **épouvanta-ble** », vous reprenez ces mots avec la question-exception : « Y a-t-il des moments où c'est **un petit peu moins désespérant, un petit peu moins épouvantable ?** » Ou même : « **Quand** est-ce que ça va un petit peu moins mal ? »

C'est de l'hypnose ericksonnienne. Le mot « **quand** » et les mots clés de la personne en détresse vous permettent de parler indirectement à l'inconscient de la personne.

Vous vous souvenez de l'histoire du cheval de Milton Erickson ? Il accompagnait le cheval dans le champ des pro-blèmes (**accompagnement**) et c'est très doucement, très res-pectueusement, très paisiblement qu'il le ramenait sur le chemin des solutions.

Dans la communication orientée vers les solutions, c'est exactement ce que l'on fait. Vous accompagnez l'autre per-sonne dans le champ des problèmes, dans la vallée de lar-mes, et c'est très respectueusement, très doucement que vous la ramenez sur **le chemin des solutions** — le **chemin des exceptions** —, des ressources insoupçonnées.

« Milton Erickson à l'âge de quinze ans, sur le dos d'un cheval inconnu, c'est une métaphore qui me servira toute ma vie », m'a dit une amie qui a reçu une formation sur l'approche de la COS.

**Exploration et explication des exceptions !
Les explications des problèmes m'intéressent
de moins en moins !
Les explications sur les exceptions du problème
m'intéressent de plus en plus !**

Ce sont les exceptions du problème que je vais valoriser, amplifier, **arroser.** Les explications des exceptions de mon associé, de mon partenaire, de mon conjoint ou de mon enfant sont déjà là ; c'est ça que je vais renforcer.

Qu'est-ce qui est différent? Quand cela va-t-il mieux? Comment expliquer que le problème ne se pose pas à ce moment-là?

Au moyen de ces questions adressées indirectement à l'inconscient, quel est **le vrai message** lancé à la personne qui se déprime, qui s'injecte des pensées négatives? Le vrai message, c'est qu'**il y a déjà des moments où ça va un petit peu mieux** — un petit peu moins mal — et que ces moments, ces exceptions nous entraînent vers des solutions potentielles. **Comment expliquer ces réussites?**

Beaucoup de nos collaborateurs, de nos associés et de nos proches font de **l'hypnose négative** et ils se dépriment:

«Ça ne va pas! Je suis au bout de mon rouleau! Je n'en peux plus! Je suis démuni! Je suis au bord de l'épuisement!»

Avec la question-exception, vous **aidez l'autre à revenir à ses ressources,** à ses **solutions insoupçonnées,** jusqu'alors **négligées!** Vous contribuez à ce qu'il abandonne sa «cassette négative» au profit des exceptions que vous venez de découvrir, de dénicher ensemble.

LE BLÂME POSITIF

Quand j'étais davantage de la «première génération» comme consultant et que je demandais longuement aux clients d'expliquer leurs problèmes, c'était une forme de **blâme négatif** que je faisais. En effet, quand le client parlait de ses problèmes, il se culpabilisait, il se blâmait, il se dévalorisait. Cela lui enlevait de l'énergie plutôt que de lui en donner.

Aujourd'hui, on parle un peu de ce qui va mal — c'est important d'écouter — mais assez vite après avoir fait l'accompagnement (se mettre en harmonie avec l'autre en respectant sa réalité actuelle), je quitte le champ des problèmes pour **ramener le client sur le chemin des solutions.**

Peut-être l'individu va-t-il encore s'égarer dans le champ des problèmes mais alors, très respectueusement, très doucement, je vais le ramener sur le chemin des solutions.

Il est bien possible que la personne devant vous veuille seulement se plaindre et ne soit pas encore prête à passer à l'action (un «*plaignant*»). Votre objectif sera alors de la ramener paisiblement et respectueusement sur le chemin des solutions, des forces, des bons buts. Vous le ferez d'abord à l'aide de la question-miracle, qui permettra de déterminer les bons buts. Après, vous utiliserez les questions-exceptions pour dénicher des solutions qui sont déjà là.

Quand on demande **l'explication des exceptions,** des réussites passées ou des solutions actuelles, on procède à ce que l'on appelle le «**blâme positif**»:

Comment se fait-il que vous ayez été capable de faire ça?

Le vrai message dissimulé dans cette question est: **Vous avez été capable!** Vous êtes capable! **Vous êtes capable!** Mais on ne l'a pas dit directement. On l'a dit **indirectement.** Le vrai message est **présupposé dans la question.**

ET QUOI ENCORE?

On pose encore la question: **Et quoi encore? Quoi de plus?** qui est un perfectionnement, une amplification de la question-exception:

«Qu'est-ce qui explique encore que **ça va mieux?**»
«Qu'est-ce qui explique encore que vous étiez davantage

capable de communiquer avec votre collègue, votre associé, votre principale collaboratrice ? »

« Qu'est-ce qui explique encore que **vous ayez été capable** d'avancer un peu plus et un peu mieux vers votre but ? »

« Qu'est-ce qui explique encore que vous êtes capable ? »

Vous êtes capable ! Vous êtes capable ! Vous êtes capable ! Vous voyez le jeu ? **On blâme la personne pour avoir réussi.** On la blâme d'avoir été capable ! Cette technique d'exploration et d'explication de l'exception permet de **susciter les stratégies de réussite** de la personne.

Souvent, les gens arrivent à vous en disant à la fois de façon verbale et non verbale : « Je suis démunie, je suis une pauvre victime passive et sans ressources, je ne peux rien faire ! » **C'est très important de ne pas contredire** cette personne sauf si vous êtes devant ce que l'on appelle « un Acheteur », c'est-à-dire une personne prête à passer à l'action.

On parle indirectement à l'inconscient au moyen de questions subtiles qui donnent le plein pouvoir à l'autre.

On va dénicher les solutions comme un bon supporter. On va poser la question-miracle et les questions-exceptions pour découvrir comment atteindre les bons buts.

LES TÂCHES ORIENTÉES VERS LES SOLUTIONS

Une autre façon de dénicher les exceptions (les solutions possibles) et d'aider la personne à **faire davantage de ce qui marche** (règle numéro 2), c'est de lui assigner des tâches orientées vers les solutions. Il y en a trois dont je veux vous parler. La première est la suivante.

OBSERVEZ... CONTINUEZ !

La tâche n° 1 : « Entre ce moment et notre prochaine rencontre, **observez** ce qui se passe dans votre vie (famille, travail, etc.) que vous voulez **préserver.**»

Cette tâche est très vague, floue, douce et, surtout, **non menaçante.** Sur le plan du conscient, j'ai dit : « Observez ce que vous voulez préserver dans votre vie ! » Mais qu'est-ce que j'ai présupposé ? **Sur le plan de l'inconscient,** je viens de dire : « Il y a déjà toutes sortes de choses qui marchent dans votre vie. Cherchez ce qui marche et parlez-moi de vos exceptions ! » Je ne l'ai pas dit directement ; je l'ai dit **indirectement !**

En effet, le message est : il va se passer quelque chose de valable que vous voulez préserver. On donne le pouvoir à la personne. On peut l'aider à **défaire ses souvenirs négatifs,** pessimistes, dysfonctionnels et à **rebâtir des souvenirs, des croyances, des attentes plus optimistes, positifs, fonctionnels.** Cela, c'est **le jeu orienté vers les solutions.** Voilà la subtilité et l'efficacité de l'approche, **la COS.** On ne parle pas directement à tout le monde sauf aux Acheteurs (les personnes prêtes à passer à l'action). La plupart des gens qu'il est difficile d'aider sont ce qu'on va appeler des Plaignants et des Visiteurs (chapitre 6). On leur **parle indirectement** jusqu'à ce qu'ils deviennent des Acheteurs à qui on peut parler plus directement.

OBSERVEZ... QUAND ?

Dès que, au moyen de la question-miracle, nous avons déterminé un bon but avec notre employé, notre conjoint ou notre enfant : « Je me sens mieux à l'usine — je communique mieux avec mon conjoint — mes résultats s'améliorent à l'école », nous allons insérer ces mots clés dans la prochaine tâche.

La **tâche n° 2** : «Entre maintenant et la prochaine fois que nous nous rencontrerons, **observez** ce qui se passe **quand** vous vous sentez mieux à l'usine, quand vous communiquez mieux avec votre conjoint, quand vos résultats s'améliorent à l'école.»

Le but de cette tâche, c'est d'aider la personne à **identifier et/ou à construire** des **exceptions au problème**. Cela lui permet aussi d'augmenter le temps consacré aux expériences désirables. Encore notre fameux mot «**quand**». Quelle est la présupposition à la base de cette tâche? Quel est le vrai message?

Il y a déjà des moments où vous avez des forces, des ressources, des réussites, des façons de résoudre le problème, des solutions!

Vous ne l'avez pas dit directement afin de ne pas contredire le conscient de l'autre. Sur le plan de l'inconscient, le message est : «**Je sais qu'il y a des exceptions,** qu'il y a des hauts et des bas dans la vie de tous et chacun. Chaque haut est une exception!»

Dès que vous avez déniché, identifié des exceptions, vous pouvez utiliser la technique d'exploration et d'explication des exceptions. Puis, vous pouvez présenter à la personne la troisième tâche orientée vers les solutions.

La **tâche n° 3** : «Continuez votre bon travail. Faites davantage de ce qui marche!»

LA QUESTION-ÉCHELLE

Dès que le bon but a été déterminé (ex.: ça va mieux au bureau, à la maison, avec votre adolescent), on peut travailler avec notre troisième question orientée vers les solutions : **la question-échelle**.

Q : Sur une échelle de 1 à 10 (1 étant le plus bas niveau et 10 étant l'état désiré dans les mots clés du client, défini au moyen de la question-miracle), **où vous situez-vous ?**

R : Ah ! je suis seulement à 2. Ça va mal ! Ça va très mal !

Q : Qu'est-ce que ça va prendre pour aller de 2 à 3 ?

Les échelles sont utiles pour aider la personne à faire des petits mouvements. L'objectif est de **chercher le mouvement minimal** chez cette personne.

Les gens veulent souvent se trouver tout de suite à 8, 9 ou 10 sur l'échelle. Pendant qu'**ils résistent** au fait de ne pas y être, ils restent à 2 ou 3 (Plaignant, victime passive). Pour enlever la résistance, on peut dire : « Le changement, c'est comme la vie. Il y a des hauts et des bas. Au lieu de faire de gros changements, on passe par des petits. » Cela dédramatise et diminue les attentes irréalistes.

On fait de petits changements dans la bonne direction. C'est encourageant ! C'est stimulant ! On renforce les petits changements. C'est une approche systémique dans laquelle on cherche les petits changements.

Q : Où en êtes-vous maintenant sur l'échelle ?

R : J'en suis à 2 !

Q : Que doit-il se passer, qu'est-ce que ça va prendre pour que vous puissiez progresser de 2 à 3 sur l'échelle ?

LES ÉCHELLES SONT REMARQUABLES POUR DÉNICHER LES EXCEPTIONS !

Vous pouvez aussi demander à quelqu'un : « Où étiez-vous sur l'échelle du bien-être, il y a deux ans, il y a un an, il y a six mois, il y a trois mois, il y a un mois, il y a deux semaines, il y a une semaine ? » Ou encore : « Où étiez-vous sur l'échelle, la semaine passée ? Lundi ? Mardi ? Mercredi ? Jeudi ? Vendredi, etc.? »

Vous voyez donc la technique à l'œuvre ? Vous voyez que ça donne des hauts et des bas et que **chaque haut** sur l'échelle fournit **une exception que l'on peut arroser**, **renforcer**.

Les Plaignants vont mettre l'accent sur les bas, on va écouter les bas. Le cheval est dans le champ des problèmes. Et puis, on va **ramener le cheval** très doucement, paisiblement, respectueusement **sur le chemin des exceptions**.

Mais pourquoi étiez-vous à 7 sur l'échelle il y a deux ans ? Qu'est-ce qui était différent ? Comment expliquez-vous que ça allait mieux ?

Avec les enfants, vous pouvez utiliser un thermomètre avec des crayons de couleur. Des couleurs plutôt que des chiffres. Un thermomètre par jour ! Ils apprennent déjà que la vie a ses hauts et ses bas. Et vous questionnez...

« Comment se fait-il que tu étais si haut sur le thermomètre de mardi ? Qu'est-ce qui était différent pour toi ? Et quoi encore ? Et quoi encore ? »

ET QUOI ENCORE ?

« Et quoi encore ? » est une intervention puissante ! Quel autre élément explique que ça allait mieux jeudi passé ? Si vous êtes la gardienne de ce jeune enfant, vous demandez aussi : « Comment tes parents vont-ils expliquer que ça allait mieux jeudi ? »

Nous avons parlé tout à l'heure de nos deux premières règles élémentaires :

71

RÈGLE NUMÉRO 1 :
Si ça marche, ne changez rien !

RÈGLE NUMÉRO 2 :
Dès que vous savez ce qui fonctionne, **faites davantage de ce qui marche.**

Maintenant, nous sommes prêts pour notre troisième règle.

RÈGLE NUMÉRO 3: SI CELA NE FONCTIONNE PAS:
• *NE LE FAITES PLUS!*
• *FAITES QUELQUE CHOSE DE DIFFÉRENT!*

Si cela ne fonctionne pas, ne le faites plus ! C'est incroyable !

Aussi simple que ça ! Qui aurait pu penser à ça ? Certainement pas les consultants et les communicateurs de la première génération qui pensent posséder la vérité.

Certainement pas le touriste américain qui parlait plus fort au serveur parisien qui ne comprenait pas l'anglais ! Certainement pas la mère épuisée qui criait plus fort pour faire entendre raison à son enfant difficile.

Ça ne fonctionne pas, mais nous, les êtres humains, avons tendance à tomber dans des cercles vicieux, à répéter ce qui ne marche pas. Nous avons tendance à refaire ce qui ne va pas avec nos employés, nos collaborateurs, nos associés, avec notre conjoint ou avec nos enfants.

Désormais, comme communicateurs de la troisième génération, nous cessons de faire ce qui ne marche pas !

La croyance de base — **il n'y a pas qu'une solution, il y en a des milliers** — nous aide beaucoup dans ces situations difficiles où l'on se sent pris au piège dans des cercles vicieux. Si je pense qu'il n'y a qu'une solution (une vérité), même si ça ne marche pas, je vais continuer à insister pour essayer cette option stérile. Cependant, si je crois qu'il y a des milliers de solutions, je suis **davantage prêt à abandonner mon premier essai** de solution, parce que je sais qu'il existe plusieurs autres possibilités.

L'histoire du cheval nous rappelle qu'« il y a plusieurs sentiers »! Et, autant que cela est possible, que **c'est le cheval qui va choisir le chemin et la vitesse.** Et quand vous respectez le cheval, ça porte fruit! Ça accélère la démarche. Mais si vous êtes un expert, si vous avez la vérité, croyez-moi, vous connaîtrez encore et encore beaucoup de conflits dans votre vie, sur le plan professionnel et dans votre vie personnelle.

Quand vous essayez quelque chose avec votre principal collaborateur, avec un directeur de services, avec votre enfant et que ça ne marche pas, **est-ce un échec? Non...** souvenez-vous... **c'est un apprentissage!** Et quel est cet apprentissage? Si ça ne marche pas, vous venez d'apprendre que vous avez besoin de changer **votre** pensée et/ou **votre** façon d'intervenir.

C'EST SIMPLE, MAIS PAS ÉVIDENT!

Bien sûr, nous pouvons retomber dans des cercles vicieux avec nos collègues, nos collaborateurs, notre conjoint, nos enfants. Nous sommes des êtres humains. Nous pouvons retomber dans les mêmes vieux pièges... comme tout le monde. Mais nous avons maintenant la possibilité de nous réveiller un peu plus vite. Aimez-vous les règles élémentaires de l'approche orientée vers les solutions?

1- Si ça fonctionne, ne changez rien!

2- Dès que vous savez ce qui fonctionne, **faites davantage de ce qui marche!**

3- Si cela ne fonctionne pas, ne le faites plus ! et…

FAITES QUELQUE CHOSE DE DIFFÉRENT !

Croyances importantes :

- Il n'y a pas une seule solution, il y en a des milliers !

- Il n'y a pas d'échecs, seulement des apprentissages.

Nous venons de parler des trois règles élémentaires. Nous avons abordé aussi les techniques de la question-exception, de la question-échelle ainsi que les tâches orientées vers les solutions. Voyons maintenant ce que beaucoup de praticiens de la COS conçoivent comme **le diamant de l'approche : les trois styles de coopération** de nos interlocuteurs.

Chapitre 6

LES TROIS STYLES
DE COOPÉRATION

Avez-vous déjà rencontré des gens qui vous résistent au travail, dans la famille, dans vos clubs sociaux ou privés? De votre côté, avez-vous déjà résisté à quelqu'un dans les différentes sphères de votre vie?

Eh bien, moi, depuis quinze ans, je n'ai jamais fait face à une situation ou recontré quelqu'un qui me résiste. Vous trouvez ça intéressant? J'habite dans un monde intéressant, n'est-ce pas? Et pourtant, je ne suis pas un extra-terrestre!

Dans cette approche, la communication orientée vers les solutions, nous croyons fermement qu'**il n'y a pas de résistance.**

Peu importe ce que l'autre fait, c'est sa façon unique de coopérer!

Avant de vous présenter les trois styles de coopération, les trois façons uniques de coopérer, j'aimerais d'abord vous raconter une autre histoire.

L'HISTOIRE DU JEUNE TRAVAILLEUR SOCIAL

Quand j'étais un jeune travailleur social, une famille en difficulté est venue me consulter. Un dimanche, alors que le père se promenait à bicyclette, il avait été heurté par un camion. L'accident avait provoqué une commotion cérébrale, ce qui avait eu des répercussions pour sa femme et ses deux enfants.

À cette époque, j'étais davantage de la première et de la deuxième génération, plus basées sur l'expertise. Aussi leur ai-je confié des tâches directes : « Vous pouvez faire ceci et cela ! »

Quand ils sont revenus, à la deuxième rencontre, ils n'avaient pas rempli les tâches que je leur avais assignées. J'étais déçu, un peu découragé. Mais je leur ai redonné des tâches précises. Ils sont revenus à la troisième rencontre encore une fois sans les avoir exécutées. Encore déçu, je leur ai redonné des choses à faire. À la quatrième rencontre, même absence de résultat. J'étais en colère. J'ai pensé **qu'ils me résistaient, qu'ils ne coopéraient pas** avec moi dans leur intérêt, qu'ils n'étaient **pas motivés,** que c'étaient **des personnes** vraiment **difficiles.** Néanmoins, j'ai voulu leur donner une dernière chance et, tout naturellement, je leur ai confié des choses à réaliser pendant la semaine.

Vous reconnaissez ici le touriste américain qui parle fort en anglais au garçon de table parisien qui ne comprend pas sa langue ? La mère épuisée qui crie plus fort pour que son enfant lui obéisse enfin ?

Quand mes clients sont revenus à la cinquième rencontre en me disant qu'ils n'avaient pas accompli les tâches, j'étais vraiment frustré et je me suis emporté. Je leur ai dit que je ne pouvais plus travailler avec eux **parce qu'ils me résistaient.** Je sais bien que vous n'avez jamais fait ça avec vos proches, avec vos clients et encore moins avec vos enfants.

Vous n'avez jamais fait ce que j'ai fait avant de découvrir l'approche orientée vers les solutions, n'est-ce pas ?

Vous pouvez garder cette histoire en tête pendant que je parle des modes de coopération. Cette approche affirme que le mot « résistance » n'existe pas. **Peu importe ce que l'autre fait, c'est sa façon unique de coopérer avec nous** !

Voyons maintenant les trois styles de coopération dans l'approche de la COS. La personne qui adopte le premier style de coopération, on l'appelle le Visiteur.

LE VISITEUR

Qu'est-ce qu'un Visiteur ? C'est **quelqu'un qui pense qu'il n'y a pas de problème.** Les **Visiteurs** vont souvent consulter un professionnel parce que quelqu'un d'autre les a envoyés : un parent, un juge, un directeur, un employeur, un conjoint, etc. Dans **les entreprises,** dans les bureaux, ce sont des personnes qui ont l'air d'être là seulement pour recevoir leur paie. Si vous êtes gestionnaire, il est important que vous reconnaissiez que certains de vos employés sont des Visiteurs.

Dans une entreprise de production de métaux, pendant une période de travail de huit heures, les employés sont censés verser le métal à des intervalles réguliers de deux heures. Les horaires sont bien respectés pendant la journée mais pendant le bloc-horaire de nuit, certains employés ont découvert qu'ils pouvaient verser tout le produit d'une traite et dormir le reste de la nuit tout en étant payés 25 $-30 $ l'heure. Le résultat n'est pas totalement inacceptable, mais il est évident que la qualité du produit est sûrement supérieure lorsque la tâche est accomplie tel que prévu.

Les superviseurs, lorsqu'ils arrivent au matin, constatent la baisse de qualité. Ils pensent qu'il y a un problème. Toutefois, les employés qui ont utilisé cette stratégie en sont contents. Ils n'y voient pas de problème. Ce sont des **Visiteurs.** Il est stratégiquement très important que les superviseurs reconnaissent le style de coopération de ces gens.

Alors que j'œuvrais en **milieu scolaire** comme travailleur social, j'ai connu un professeur qui éprouvait beaucoup de difficulté avec un de ses étudiants. Non seulement Jean-François ne réussissait pas bien, mais il dérangeait toujours la classe. Le professeur l'a envoyé au directeur d'école qui me l'a envoyé.

Quand il est arrivé dans mon bureau, je lui ai demandé :

« Jean-François, quel est le problème ? »

Serez-vous étonné de sa réponse ?

« Je n'ai aucun problème ! Tout va bien ! »

Saisissez-vous ce que l'on appelle le style « **Visiteur** » ?

C'est justement quelqu'un qui ne reconnaît pas qu'il y a un problème.

Il est facile de donner d'autres exemples de ce comportement. Quand j'étais **thérapeute conjugal,** je constatais souvent qu'un membre du couple devant moi était un Visiteur. Vous surprendrai-je en vous disant que généralement, c'était l'homme, le **Visiteur** ? En effet, souvent, l'homme ne reconnaissait pas qu'il y avait un problème.

J'ai travaillé aussi auprès d'agents de probation en **services correctionnels.** Quand le prisonnier est libéré, s'il veut garder sa liberté, il doit se rapporter à un agent de probation, une fois la semaine, aux deux semaines ou chaque mois. Pensez-vous qu'il veut rendre des comptes à son agent de probation ?

Il est certain qu'au début, le prisonnier en liberté conditionnelle sera un **Visiteur** obligé de se présenter. Si l'agent de probation comprend et accepte cela, il sera étonné de ce qui se passera à mesure que les rencontres avanceront.

J'ai travaillé aussi pour les services de **Protection de la jeunesse.** J'ai constaté que, très souvent, les parents sont des Visiteurs. Ils disent : « Oui, j'ai battu mon enfant mais c'est comme ça que j'ai été élevé. Et une bonne taloche n'a jamais tué personne ! » Est-ce que vous voyez que ces parents-là sont des **Visiteurs** ? Qu'ils ne reconnaissent pas qu'il y a un problème ?

Il est très important, quel que soit notre champ d'activités, de reconnaître les **Visiteurs.**

Quand j'ai travaillé comme consultant au **Service d'emploi et d'immigration** du Canada, un programme de recherche d'emploi avait été mis sur pied pour les femmes qui recevaient une prestation de bien-être social. Quand une femme s'inscrivait à ce cours, ses prestations étaient augmentées. Pensez-vous que toutes ces femmes voulaient retourner sur le marché du travail ? Toutes étaient **Acheteuses** pour l'augmentation de l'allocation, mais seulement un certain nombre d'entre elles étaient, au début, des **Visiteuses** pour l'enseignement contenu dans ce programme.

Les pauvres animatrices ployaient sous l'effort nécessaire pour traiter tout le monde comme des Acheteuses (quelqu'un qui est prêt à passer à l'action). Plusieurs enseignantes étaient sur le point de souffrir d'épuisement professionnel. Elles donnaient des devoirs. Elles entretenaient des attentes exceptionnelles, croyant que chacune s'arrangerait pour retourner le plus rapidement possible sur le marché du travail.

Si vous êtes professeur au niveau secondaire et même au niveau primaire, **le Visiteur,** c'est l'étudiant qui arrive toujours en retard, qui regarde le plafond, qui lance des gommes à effacer sur les autres enfants. C'est très important de reconnaître que vous avez des Visiteurs dans votre classe afin de **mieux coopérer** avec eux.

Dans le passé, ces personnes étaient étiquetées comme manquant de motivation, de volonté, de désir de coopérer. De telles étiquettes sont des **recadrages négatifs** qui sont communiqués aux personnes concernées par la communication non verbale, **gâchant la relation de coopération** que l'on souhaite établir avec cette personne (élève, associé, collaborateur, etc.).

Selon moi, nous détenons tous des **facultés télépathiques** et nous savons tout sur l'autre, au moins **sur le plan de l'inconscient.** Quand quelqu'un vous tape sur les nerfs, pensez-vous qu'il ne le sait pas? **Le non-verbal parle très fort!**

En revanche, quand vous aimez et **acceptez** quelqu'un, quand vous respectez votre collègue de bureau, votre client, il le sent aussi.

Vous vous souvenez de l'histoire du cheval? Est-ce que vous avez perçu **le respect** que Milton Erickson ressentait pour le cheval? La douceur avec laquelle il l'abordait?

J'ai déjà mentionné que nous avons **trois métaphores principales** dans la COS. La première, c'est: «**Je n'ai pas la vérité!**» C'est une clé très importante! La deuxième métaphore, **l'histoire du cheval,** exprime le respect, l'acceptation et la paix qui sont liés à cette **approche de coopération.**

Il est très important de **gérer votre intérieur,** de vous traiter constamment comme **la principale personne que vous pouvez aider** parce que l'autre recevra vos communications télépathiques. Sentez-vous, expérimentez-vous que l'autre personne est **résistante, négative, non motivée** ou voyez-vous plutôt que l'autre est un **Visiteur qui a sa façon unique de coopérer?** Ressentez-vous la différence d'énergie entre ces deux façons de percevoir l'autre personne?

Au lieu de combattre quelqu'un énergiquement, verbalement et même non verbalement, vous pouvez peut-être, en utilisant la grille des trois styles de coopération, être envahi par **la paix** et **l'acceptation.** Vous souvenez-vous de la prière de la sérénité? Faites appel à la sérénité en vous. L'autre personne la ressentira et trouvera des ressources insoupçonnées et des solutions qui vous étonneront.

Un Visiteur, sur **le plan conscient,** n'a aucune attente ni aucun désir de changement. Beaucoup de personnes que vous percevez comme difficiles font partie de cette catégorie.

Stratégiquement, quel que soit votre champ d'activités, il est important de bien gérer votre temps et de **reconnaître le style de coopération** que vous pouvez attendre de la personne qui se trouve devant vous.

QU'EST-CE QU'ON FAIT AVEC LES VISITEURS?

Je vais esquisser quelques avenues à emprunter avec les Visiteurs. Aussi surprenant que cela puisse paraître, nous cherchons à **détecter** chez eux **les forces,** les points positifs. Ces personnes recevront de notre part un **feed-back positif.** Au lieu d'être déçu par leur comportement, nous trouverons ce que nous apprécions chez elles. Il est très intéressant de réaliser que nous ne créons plus de résistance sur le plan énergétique. Au contraire, par notre nouvelle attitude, nous contribuerons à faire circuler l'énergie. Qu'allons-nous faire de plus avec les Visiteurs?

RALENTIR POUR ACCÉLÉRER!
PARLER INDIRECTEMENT À L'INCONSCIENT!

Je reprendrai l'exemple de Jean-François, adolescent de quinze ans qui dérangeait constamment son professeur de mathématiques. Son professeur l'envoie chez le directeur de l'école qui le renvoie au consultant orienté vers les solutions.

« Bonjour, Jean-François, c'est quoi le problème? »

« Il n'y a aucun problème! »

Est-ce que le communicateur vit **un échec? Non**, c'est **un apprentissage.** Il est seulement informé: il vient d'apprendre qu'il a un Visiteur devant lui. Il sait comment coopérer avec ce genre de personne. Il n'essaiera pas de convaincre Jean-François, ni de parler directement à son conscient. Il va ralentir pour accélérer: **accompagnement.** Dans l'hypnose ericksonnienne, faire de l'accompagnement signifie qu'**on va ralentir** pour entrer dans le monde de l'autre. On va bâtir **une relation de coopération** avec l'autre.

« Jean-François, que fais-tu à l'école? Quel est ton cours préféré? »

« Éducation physique! »

« Et quoi d'autre? »

« Je fais partie de l'équipe de hockey. »

82

« C'est quoi ta position ? Ah ! tu as compté un but récemment ? Qu'est-ce que tu fais à l'extérieur de l'école ? Ah ! tu as une amie ? L'invites-tu au cinéma ? Et quoi d'autre ? Ah ! tu travailles chez McDonald ? Combien d'heures par semaine ? Combien gagnes-tu ? Qu'est-ce que tu fais avec ton argent ? »

Quand vous avez accordé le temps prévu à Jean-François, vous le remerciez d'être venu.

Il se pourrait qu'il vous demande s'il peut revenir vous voir.

« Mais pourquoi, Jean-François, puisqu'il n'y a aucun problème ? »

« Oui, mais ce professeur de mathématiques, il est vraiment exaspéré par ma façon d'être et il me tape sur les nerfs. »

Avez-vous remarqué que le **Visiteur est devenu un Plaignant.** Il a soudainement changé de catégorie. Il reconnaît qu'il y a un problème.

Voilà une des façons de procéder avec un Visiteur. Bien sûr, cette histoire est une métaphore qui peut s'appliquer autant à votre collaborateur, à votre associé qu'à votre enfant.

LE PLAIGNANT

Qu'est-ce qu'un **Plaignant** ? C'est **une personne qui reconnaît qu'elle a un problème, mais qui ne ressent pas encore le pouvoir d'agir.** C'est quelqu'un qui arrive dans votre vie en disant :

— C'est épouvantable ! C'est insupportable. J'ai un très gros problème. Je souffre... je souffre et je souffre encore.

Et vous, avec les meilleures intentions du monde, vous dites : « Peut-être que tu pourrais essayer de faire ça ! Ou ça ! »

Et le Plaignant vous répondra invariablement :

« Mais tu sais bien que je ne peux pas faire ça, parce que... Je ne peux pas faire ça non plus ! Oui, mais, je ne peux pas...! **Oui, mais...** oui, mais… oui, mais…»

Souvent, on appelle **les Plaignants : les Tueurs de communicateurs !** Les Tueurs de gestionnaires ! Les Tueurs de parents ! Les Tueurs d'enseignants ! On les reconnaît aussi à leur vocabulaire. Ils disent souvent : « Oui, virgule, mais... »

UN PLAIGNANT EST UNE PERSONNE QUI A UN PROBLÈME MAIS QUI NE RESSENT PAS ENCORE LE DÉSIR D'AGIR !

Comme nous avons reconnu que nous n'avons pas la vérité, nous pouvons aussi reconnaître que **la vérité actuelle d'un Plaignant** c'est qu'il est une **pauvre Victime passive** qui ne peut rien faire. Sur le plan conscient, le Plaignant se dit : « Je suis démuni. Je n'ai pas de ressources. Je ne peux rien faire ! »

Il est très important pour nous de **reconnaître** et de **respecter sa façon unique de coopérer.** Pour le moment, le style de coopération de cette personne s'exprime sur le mode du Plaignant.

Dans le passé, le Plaignant était étiqueté comme « **résistant**», « **non motivé**» ou encore « **non coopératif**», ce qui est bien sûr un recadrage négatif. Et même s'ils ne sont pas exprimés, les recadrages négatifs sont ressentis télépathiquement par l'autre personne.

Dans la communication orientée vers les solutions, on sait que les recadrages négatifs abîment ou freinent la relation de coopération que nous voulons développer. Avec cette approche, on évite les conflits.

QU'EST-CE QU'ON FAIT AVEC LES PLAIGNANTS?

On leur assigne des **tâches d'observation** (voir chapitre 5) pour dénicher des exceptions, mais surtout aucune tâche d'action. C'est totalement contre-indiqué! Cela les découragerait parce que vous seriez en train de contredire leur vérité actuelle! La cassette de leur conscient leur répète: « Je suis une pauvre victime passive. Je ne peux rien faire! » Si vous leur demandez de faire quelque chose, vous allez compromettre la relation de coopération. C'est le temps de...

RALENTIR POUR ACCÉLÉRER!

Avec un Plaignant, on va **utiliser les questions-exceptions** (avec la formulation pour un Plaignant) afin de dénicher ses forces, ses ressources, les solutions potentielles.

« Y a-t-il des moments déjà, ma chère personne, où ça va **un petit peu moins mal?** »

Dès que vous avez déniché l'exception, vous pouvez utiliser la technique de **l'exploration et l'explication des exceptions.** (Voir chapitre 5)

LE BLÂME POSITIF

Vous pouvez blâmer le Plaignant. Le blâmer d'avoir réussi. Le blâmer positivement.

« Comment se fait-il que vous ayez réussi la semaine dernière? Comment expliques-tu que tu aies réussi cet examen de mathématiques, Jean-François? Qu'est-ce qui était différent? »

Voilà des exemples de **messages adressés indirectement à l'inconscient** avec une question-exception orientée vers les solutions.

Vous pouvez aussi employer les **questions-échelles** pour dénicher **les hauts et les bas** dans la vie de la personne. Naturellement, chaque expérience de «haut» (ou chaque vécu moins «bas») peut être conçue et travaillée comme une **exception**.

L'ACHETEUR

Finalement, nous arrivons au bonheur de tous les communicateurs. Le bonheur des employeurs, des parents, des gestionnaires : l'Acheteur.

Qu'est-ce qu'un Acheteur ? C'est **une personne qui sait qu'elle a un problème** et **qui est prête à faire quelque chose** pour le transformer ou le régler. Qui est prête à créer des solutions.

À l'Acheteur, vous pouvez donner des **tâches directes.** Vous pouvez avoir confiance : l'employé, le partenaire, le collaborateur, l'adolescent, le conjoint acceptera la tâche et la trouvera utile.

Avez-vous déjà eu un problème avec ce que nous appelons un Acheteur ? Non, ils nous rendent la tâche facile.

Ce sont les **Visiteurs** et les **Plaignants** avec lesquels vous éprouvez de la **difficulté,** n'est-ce pas ?

Est-ce que vous comprenez qu'en dehors de la vie professionnelle, nos parents, notre conjoint, nos enfants peuvent parfois être des Visiteurs, des Plaignants ou des Acheteurs ? **Ces catégories de coopération,** ces nuances sont en mouvement. Aucune catégorie n'est fixée dans le béton une fois pour toutes. **Les catégories varient, changent, même au cours d'une conversation.**

HAUTE VITESSE
VITESSE MOYENNE
VITESSE LENTE !

Plusieurs mois après un séminaire de trois jours que j'avais donné sur la Côte-Nord, une participante m'a dit :

« Nous n'aimons pas tellement les termes Visiteur, Plaignant, Acheteur. Nous les avons changés de la manière suivante : nous appelons les **Acheteurs**, les personnes de **haute vitesse**, les **Plaignants**, les personnes de **vitesse moyenne** et les **Visiteurs**, les personnes de **vitesse** faible ou **lente**. »

C'était vraiment l'inconscient de cette employée qui parlait parce que ceux qui connaissent bien la Côte-Nord, au Québec, savent qu'entre eux, les gens qui y habitent identifient leur région par les termes Haute Côte-Nord, Moyenne Côte-Nord et Basse Côte-Nord, d'où les désignations haute vitesse, vitesse moyenne et vitesse basse ou faible.

Un gestionnaire m'a affirmé qu'il avait beaucoup apprécié cette manière de percevoir ses collaborateurs, ses collègues, ses employés, ses clients comme des Visiteurs, des Plaignants, des Acheteurs. L'idée qu'il y a autour de lui des personnes qui fonctionnent avec **trois vitesses différentes** lui a permis de bien s'adapter à ces trois réalités (vérités) significativement différentes. « Vous savez, Fletcher, il n'y a pas que ma vitesse. Je m'adapte maintenant à la vitesse des autres. Ça porte fruit et c'est vraiment **rentable pour l'entreprise !** »

Un autre homme m'a dit un jour : « Cette approche fonctionne très bien avec la majorité de mes employés. Mais ça ne marche pas du tout avec un membre de mon équipe. Il vit des problèmes importants. Pour l'aider, je lui demande :

" Qu'est-ce que vous pouvez **faire** pour améliorer la situation, pour régler le problème ? " Mais ça ne fonctionne pas du tout avec lui. »

Comme consultant, la première question que je pose à ce gestionnaire qui éprouve de la difficulté avec son chef de service, c'est :

« Est-ce que vous vous adressez à un Visiteur, à un Plaignant ou à un Acheteur ? »

« C'est un Super-Plaignant que j'ai devant moi ! »

« Dans la COS, est-ce qu'on emploie le mot **faire** avec un Plaignant ? »

Il a compris.

À un Acheteur, on peut poser directement la question : « Qu'est-ce que vous pouvez faire ? »

Mais le mot **faire** est totalement **contre-indiqué** pour les Plaignants et les Visiteurs. Il faut utiliser un langage très différent pour chaque style de coopération. Et nous avons besoin **d'ajuster notre langage** pour faire **un meilleur accompagnement** pour mieux entrer dans la vérité actuelle de l'autre.

La plupart d'entre nous avons tendance à considérer toutes les personnes comme des Acheteurs. Le **mot clé** pour les **Acheteurs,** c'est **faire.** Mais il est nécessaire de respecter la réalité des Plaignants et des Visiteurs. Une fois de plus, il faut **ralentir pour accélérer.**

Une meilleure formulation pour les Plaignants, c'est : **« Qu'est-ce qui doit se passer ? »** Ou encore : **« Qu'est-ce qu'il faudrait** pour améliorer la situation ? »

Pour « une pauvre victime passive », on utilise **le langage passif** : qu'est-ce qui doit se passer ? Ce n'est pas la pauvre victime qui doit faire quelque chose, mais la pauvre victime vous montrera ce qui doit être fait. Vous **parlez indirectement à l'inconscient** de la personne, là où il y a des ressources, des solutions.

TÂCHES D'OBSERVATION POUR PLAIGNANTS !

Aux Plaignants, on assigne des tâches d'observation. (Par ex : observer... continuer... (Voir chapitre 5). Qu'est-ce qui va se passer ? Aux Acheteurs, on peut confier des tâches d'observation et des tâches d'action.

Si vous ne savez pas trop dans quelle catégorie se trouve l'autre personne pour le moment, sachez qu'il vaut **toujours mieux aller un peu plus lentement que d'aller trop vite.** Donc, si vous ignorez si votre client est un Visiteur (vitesse lente) ou un Plaignant (vitesse moyenne), il vaut mieux l'identifier comme un Visiteur pour le moment.

Si vous hésitez entre le style Plaignant et Acheteur, choisissez le mode de communication que l'on utilise avec le Plaignant. Allez plutôt lentement que vite pour ne pas nuire à la relation de coopération que vous êtes en train de bâtir.

Beaucoup d'organisations ont rapporté que l'application de **la COS** avec ses distinctions entre les trois types de coopération (Visiteur, Plaignant et Acheteur) et sa devise clé, « Ralentir pour accélérer », s'est avérée **très rentable à moyen et à long terme.** Un chef d'équipe qui travaille dans une grande entreprise m'a raconté : « Si j'avais connu ces distinctions auparavant, je n'aurais pas eu besoin de discipliner et même de congédier certains employés de style Visiteur. Et, par conséquent, **je n'aurais pas les difficultés** que **j'éprouve actuellement avec le syndicat !** »

89

PRÉVENTION DE L'ÉPUISEMENT PROFESSIONNEL

Beaucoup trop de gens, dans nos sociétés modernes, traitent tout le monde comme des Acheteurs. Cela gâche complètement la relation de coopération que nous voulons pourtant entretenir avec autant de personnes que possible.

La plupart d'entre nous avons été formés à nous attendre à ce que chacun soit Acheteur pour notre gestion, pour notre enseignement, pour nos conseils, et même à l'**exiger.** De là vient la difficulté! Quand nous nous trouvons devant des Visiteurs et des Plaignants, ils ont l'air de nous résister parce que nous ne respectons pas leur vérité et leur vitesse actuelles. Nous sommes donc souvent déçus, frustrés, découragés ou même irrités. Je suis convaincu que si nous changeons cette façon de voir les choses, **les statistiques de l'épuisement professionnel vont descendre en flèche!**

Il est important de constater que **le style de coopération** de la personne en face de vous **peut changer** au cours de la même conversation. À un moment, cette personne est une Acheteuse pour ce que vous dites. L'instant d'après, elle peut devenir Visiteuse. Un peu plus tard, elle devient Plaignante. Et encore plus tard, elle redevient Acheteuse.

Votre responsabilité comme communicateur de l'approche orientée vers les solutions, c'est de faire de l'accompagnement et donc, **d'accélérer** et de **décélérer** quand c'est approprié.

Trop souvent, nous imposons notre vitesse à l'autre personne. Souvenez-vous de l'histoire du cheval et du **respect** que Milton Erickson a éprouvé à l'égard de ce cheval. C'est doucement, paisiblement et respectueusement, qu'il ramenait le cheval sur le chemin.

L'HISTOIRE D'UNE MÈRE ORIENTÉE VERS LES SOLUTIONS !

Si vous demandez à des enfants s'ils veulent aller acheter de la crème glacée, dans quelle catégorie se trouveront-ils ? Seront-ils des Visiteurs ? Des Plaignants ? Bien sûr, les chances sont grandes qu'ils soient à ce moment-là des Acheteurs.

S'il est 20 h et que vous demandez à vos enfants d'aller se coucher, il y a de fortes chances qu'ils ne soient pas des Acheteurs. Ils vont se montrer plutôt comme des **Visiteurs** ou des **Plaignants**. La solution sera de **parler indirectement à leur inconscient.**

Ma sœur Hélène est une mère et une conjointe orientée vers les solutions. Elle applique cette philosophie avec ses deux enfants, Shaun (quatre ans) et Kaylyn (six ans). Elle leur dit : « Mes chers enfants, voulez-vous vous coucher dans cinq ou dix minutes ? » C'est de l'hypnose ericksonnienne. Ma sœur Hélène vient d'adresser une **présupposition hypnotique** à ses enfants. Son vrai message, au fond, est : « Mes chers enfants, vous serez au lit au plus tard dans dix minutes ! »

Aucune stratégie ne fonctionnera avec tout le monde tout le temps. Et même les enfants, qui sont très brillants, auront tôt fait de dépister le nouveau mode de communication de leurs parents. Quelque temps après qu'elle eut adopté cette façon de faire, mon neveu Shaun a lancé à sa mère : « Maman, vas-tu m'acheter une ou deux crèmes glacées ? »

CONCLUSION

Pour boucler la boucle, ajoutons que **dans la COS, le mot résistance n'existe pas. Il n'est pas utile. Peu importe ce que l'autre personne fait,** autant que possible, **nous allons percevoir** sa communication comme **sa façon unique de**

coopérer avec nous, qu'elle soit une Visiteuse, une Plaignante ou une Acheteuse.

Auparavant, nous avions tendance à traiter tout le monde comme des Acheteurs, à aller à haute vitesse. Nous sommes prédisposés à aller trop directement, trop vite avec beaucoup de monde dans notre vie. Maintenant, nous apprenons à **ralentir pour accélérer.** Et surtout à faire plus d'**accompagnement** avec les Visiteurs et les Plaignants.

Nous avons déjà parlé de l'importance de nos croyances sur nos expériences. Dans le prochain chapitre, nous allons revenir sur ce thème pour voir comment **vous créez votre propre réalité.**

Chapitre 7

VOUS CRÉEZ
VOTRE PROPRE RÉALITÉ

Présuppositions
+
• Croyances de base
+
• Attentes

→ **EXPÉRIENCE DE « RÉALITÉ »**
(Des prophéties qui s'autoréalisent)

**Nos présuppositions, nos croyances créent nos attentes.
Ensemble, elles vont créer notre expérience de la
« réalité ».**

J'ai mis le mot « réalité » entre guillemets pour souligner
le fait qu'il y a plusieurs réalités et qu'une perception est souvent subjective.

Si vous interrogez un policier, il vous dira que lorsqu'il y a douze témoins sur le lieu d'un accident, il y a douze versions significativement différentes de l'accident. Personne n'a vu ou expérimenté exactement la même chose que son voisin. Il y a eu douze façons différentes de percevoir la même réalité (l'accident).

L'HISTOIRE DU QI

Une bonne illustration de l'influence de nos présuppositions et de nos croyances sur notre expérience de la « vérité » nous vient du domaine de l'**éducation.**

Dans les années cinquante et soixante à New York, on était très emballé par l'idée d'évaluer le quotient intellectuel (QI) des élèves. Le danger de ces outils est que l'on peut facilement limiter l'être humain en les utilisant.

À cette époque, au début de chaque année, l'institutrice recevait une liste de ses élèves avec, à côté de chaque nom, un chiffre dévoilant le quotient intellectuel de chacun.

Un chercheur qui devait avoir un certain sens de l'humour, un dénommé Rosenthal, a eu l'idée de falsifier un peu les résultats des tests qui enfermaient les étudiants dans une mesure d'intelligence censée être exacte et définitive. Ce chercheur a pris la liste des étudiants qu'il devait remettre aux professeurs au début de l'année scolaire et, en secret, a inversé les résultats. Il a diminué ceux qui avaient un très haut QI et a élevé le QI de ceux qui étaient étiquetés moins intelligents.

À la fin de l'année, on a fait repasser le test à chaque étudiant. Devinez-vous le résultat ? Étrangement, les étudiants ont obtenu sensiblement les mêmes résultats que le chercheur leur avait faussement attribué au début de l'année. Ceux qu'on avait classés comme peu intelligents mais dont

94

on avait élevé le QI ont obtenu des résultats plus élevés. Et ceux qui avaient obtenu des résultats plus élevés mais dont Rosenthal avait diminué le QI pour les fins de l'expérience ont eu de moins bons scores. C'est un bel exemple de ce que l'on appelle une **prophétie qui s'autoréalise.**

Cet exemple démontre bien l'effet de nos croyances, de nos présuppositions, de nos attentes vis-à-vis de l'autre personne.

Je travaille avec un étudiant : j'essaie de lui enseigner une matière difficile et ça ne marche pas. Je regarde son résultat au test d'intelligence et je vois qu'il a obtenu 130 (très élevé). C'est un étudiant capable, très capable. **Je change** donc **ma façon d'intervenir** auprès de lui afin d'éveiller les ressources que je crois qu'il possède.

Ça marche ! **Mes croyances, mes présuppositions, mes attentes au sujet de l'autre personne peuvent donc avoir un effet très important sur ma façon de la percevoir et de me comporter** avec elle. **Des changements dans mes croyances peuvent changer mon expérience avec l'autre.**

L'HISTOIRE DU PLACEBO : PREMIÈRE PARTIE

Une autre histoire qui illustre bien l'importance de nos croyances provient du domaine de la médecine psychosomatique, qui évalue l'influence des pensées sur le corps. De plus en plus, on reconnaît que beaucoup de maladies sont générées par des causes liées au stress.

Au cours d'une recherche sur le contrôle de la douleur, on a défini trois groupes au hasard parmi un grand nombre de personnes très souffrantes. Aux patients du premier groupe, on a donné de la morphine, un antidouleur puissant, mais en leur disant qu'il s'agissait d'un antidouleur léger. Au deuxième groupe, on a prescrit un antidouleur léger. Aux malades du troisième groupe, on a fourni seulement un placebo, c'est-à-dire une pilule de sucre qui, techniquement, n'a aucun effet biochimique sur le corps, mais en leur disant que c'était de la morphine. Les deux tiers des malades du groupe qui a reçu le placebo ont rapporté que leurs douleurs étaient entièrement disparues. Pas mal, n'est-ce pas, pour une petite pilule de sucre ? Le pouvoir de la pensée ! La moitié des patients qui ont reçu la vraie morphine (mais à qui on avait dit qu'il s'agissait **seulement** d'un antidouleur léger) ont rapporté qu'ils souffraient encore de douleurs importantes.

La pilule de sucre, le placebo, étiquetée comme antidouleur puissant, s'est donc avérée plus efficace que la vraie morphine, étiquetée comme un antidouleur léger. Vous voyez l'importance de la pensée ? Sur nous-même et sur les autres !

L'HISTOIRE DU PLACEBO : DEUXIÈME PARTIE

Dans une deuxième expérience, les médecins avaient reçu pour consigne de dire constamment la même chose à leurs clients : « Voici de la morphine, c'est un antidouleur puissant, ça va vous aider à contrôler la douleur. » Cependant, les médecins ne savaient pas, au moment de donner la médication à un patient, si c'était le placebo ou la morphine.

Quand les médecins donnaient le placebo et qu'ils pensaient sincèrement que c'était de la vraie morphine, l'effet antidouleur chez les patients augmentait significativement ! Mais quand ils donnaient de la vraie morphine en pensant que ce n'était qu'un placebo, l'effet antidouleur diminuait significativement !

Pourquoi suis-je revenu sur cette histoire ? Simplement pour démontrer qu'il y a **toujours deux niveaux de commu-**

nication. Il y a le niveau du conscient et celui de l'inconscient. Il y a le verbal et le non-verbal. Et, selon certains théoriciens de la communication, seulement 7 % **du message est verbal** tandis que 93 % **du message relève du non-verbal.**

Même si le message verbal était toujours le même :

« Voici de la morphine, un antidouleur très puissant, ça va vous aider à contrôler la douleur », **le message non verbal, les croyances intérieures** des médecins ont eu un effet très important sur l'expérience de leurs clients. **Le langage non verbal a parlé très fort !**

Chacun dans notre domaine, nous sommes tous des communicateurs professionnels, que ce soit dans l'industrie, le commerce, les soins de santé, l'éducation ou les différents ministères. C'est pourquoi il est important de reconnaître, de réaliser que **notre outil principal de communication, c'est nous-même, c'est notre système de croyances, notre attitude, ce sont nos présuppositions et nos attentes.**

CONCLUSION : DEUX QUESTIONS

En général, nous avons pour objectifs le bonheur, la satisfaction, le bien-être des gens qui nous entourent (autant au travail qu'à la maison) et de la personne principale que nous pouvons aider : nous-même !
Dans les jours qui viennent, je vous invite à commencer à observer votre cassette intérieure et extérieure en vous posant les deux questions suivantes :

Question n° 1 : De quoi est faite votre cassette personnelle ? Qu'entendez-vous ? Que dites-vous ? Que voyez-vous ?

Quelles sont vos pensées ? Quelles sont vos paroles ? Et surtout, **quelles sont vos présuppositions,** quelles sont **vos croyances ?**

Question n° 2: Ne vous demandez pas si vos présuppositions ou vos croyances sont vraies mais plutôt: **est-ce qu'elles sont utiles pour l'accomplissement de vos buts**?

Pour réviser l'application des outils déjà contenus dans ce livre, voici quelques questions:

1- Est-il plus **utile** d'avoir des **problèmes ou** d'avoir des **occasions**?

2- Est-il plus **utile** de subir des **échecs ou** de vivre des **apprentissages**?

3- Est-il plus **utile** d'entretenir la croyance: «**J'ai la vérité**... il y a **seulement une solution** (la mienne)!» **ou** de réaliser que: «**Je n'ai pas la vérité et il y a des milliers de solutions**»?

4- Est-il plus **utile** d'être entouré, au bureau comme à la maison, de **proches** qui sont «**résistants**» ou «**non motivés**» (non coopératifs) **ou** est-ce plus utile de l'être par **des personnes qui ont leur façon unique de coopérer** (les Visiteurs, les Plaignants, les Acheteurs), que l'on peut identifier et respecter, et avec lesquels on peut plus facilement coopérer?

Nous avons remarqué (chapitre 6) que **la plupart des gens difficiles** sont ceux que l'on appelle **des Plaignants** et **des Visiteurs**.

Nous avons reconnu aussi que ces personnes ont **beaucoup de présuppositions, de croyances et d'attentes négatives, pessimistes et dysfonctionnelles**.

Notre responsabilité comme **communicateur orienté vers les solutions** et en tant que gestionnaire, conjoint, parent, etc., est d'aider les gens de notre entourage à modifier ces croyances, ces présuppositions et ces attentes négatives, pessimistes et dysfonctionnelles. Nous réalisons cela à l'aide des techniques orientées vers les solutions abordées dans les chapitres antérieurs : les questions (miracle, exception, échelle) (chapitres 3 et 5) et les tâches (observer... faire...) (chapitre 5).

Après avoir lu ce chapitre, vous avez certainement compris l'importance de nos croyances et de nos présuppositions pour influencer et même pour créer notre expérience de la réalité.

J'aimerais maintenant vous parler un peu plus de **Milton Erickson.** Dans le prochain chapitre, nous allons étudier son schéma de pensée, **ses croyances et ses présuppositions de base.**

Chapitre 8

LES PRINCIPES D'ERICKSON

Milton Erickson, que l'on a surnommé l'Einstein de la communication du XXe siècle, a obtenu des résultats extraordinairement positifs auprès des personnes les plus difficiles.

Je me suis donc demandé, au moment de rédiger ma thèse, quelles étaient **les croyances de base,** les présuppositions de ce génie de la communication.

MODÈLE DE CROISSANCE

J'ai vu, entre autres, que dans une métaphore il décrivait les êtres humains comme des plantes ou des fleurs. Il disait : « Une plante ou une fleur peut être blessée, abîmée, mais il y a toujours une tendance vers la transformation, vers la guérison, vers la croissance. »

C'est ainsi qu'il a toujours mis l'**accent sur les tendances positives,** sur ce qui marche dans l'être humain : sur les exceptions, les ressources, les solutions qui étaient déjà là. Selon

Erickson, si vous vous concentrez sur ce qu'il y a de positif dans l'autre personne, cela va créer **beaucoup plus de coopération.**

Comme communicateur, il coopérait avec ses clients en s'adressant non pas à la partie conflictuelle en eux, mais en mettant l'accent sur les forces de l'individu. C'est encore la distinction entre la première et la troisième génération :

C'est toujours plus facile de construire avec les forces et les réussites passées (les exceptions) que d'essayer de corriger les erreurs et les échecs passés.

La première génération tendait à corriger la pathologie tandis que la troisième génération, orientée vers les solutions, s'intéresse aux solutions, aux ressources, aux exceptions, aux forces.

QU'EST-CE QUE LE PRINCIPE DU «C'EST OK»?

Milton Erickson a dit : «Aussi horrible qu'ait été le passé, demain est une autre journée.»

Dans mon travail de consultant, j'ai vu des choses atroces : violence conjugale, enfants abusés, tentatives de meurtre ou de suicide. Je ne doute pas que vous ayez vu, vous aussi, des choses difficiles. Selon un de mes collègues de Chicago, John Walter, «l'approche orientée vers les solutions, c'est une forme d'optimisme inguérissable». Il y a toujours de l'espoir! C'est le principe du «c'est OK» ou «c'est correct» qui sous-tend que derrière les difficultés, quelque chose est correct, il y a de la lumière. Eh oui, demain est bel et bien une autre journée!

L'AUTRE PERSONNE POSSÈDE DÉJÀ LES RESSOURCES DONT ELLE A BESOIN

D'abord, on a besoin d'un but réaliste, d'un but approprié. On peut le déterminer avec la question-miracle. Bien sûr, il faut définir les critères d'un bon but !

Quels sont-ils ?

Premièrement : Est-ce que c'est **faisable** ?
Deuxièmement : Est-ce que c'est faisable **à court terme** ?
Troisièmement : Est-ce que ce but peut être **déclenché par l'autre personne** ?

Dès que l'on a déterminé un bon but, on croit fermement que **l'autre personne dispose des ressources pour l'atteindre.** Rappelez-vous la recherche menée sur les QI. Les élèves qui étaient censés être moins doués ont terminé l'année plus haut sur l'échelle parce qu'on avait inversé les résultats des tests et que les professeurs **croyaient** s'adresser à des étudiants capables.

Si l'on croit que la personne est capable, cela augmente ses chances de se démontrer capable et donc d'atteindre son but. Cette présupposition est tout aussi valable pour le gestionnaire auquel vous êtes associé dans un projet que pour vos employés, votre conjoint ou votre enfant.

> **L'autre personne opte pour le meilleur choix
> qui s'offre à elle !
> Chaque comportement relève d'une
> intention positive !**

Il y a des comportements abominables, voire criminels. Nous ne pouvons pas accepter la violence faite aux femmes et aux enfants. Cependant, derrière chaque comportement, il y a **une intention positive.** Nous pouvons faire une différence entre le comportement et l'intention. Par exemple, il est bien possible que l'enfant qui dérange en classe veuille attirer l'attention, être aimé, n'est-ce pas ?

L'HISTOIRE DE L'ÉLÈVE DÉRANGEANT

Une enseignante au niveau primaire m'a raconté qu'un de ses élèves, Jean-Pierre, âgé de huit ans, dérangeait constamment la classe et que chaque fois que l'enfant faisait une pitrerie, elle se dirigeait vers lui pour le corriger.

Voici son histoire : « Après la formation sur **la communication orientée vers les solutions,** j'ai compris que les comportements négatifs de Jean-Pierre révélaient une intention positive (il voulait attirer l'attention), donc que je pouvais agir avec lui d'une manière beaucoup plus habile, plus appropriée. J'ai compris qu'en essayant de le corriger, je renforçais ses comportements négatifs. **J'arrosais** les mauvaises herbes (le problème) ! J'ai changé d'attitude ! Je me suis mise plutôt à aller le voir quand il faisait quelque chose de bien, qu'il était attentif à une dictée ou qu'il participait à une activité de groupe. Chaque fois qu'il y avait **une exception** dans son comportement, j'allais le voir pour le féliciter, pour lui montrer que j'appréciais son attitude. Au début, il était un peu dérouté mais, à la longue, ses comportements nuisibles ont graduellement disparu parce qu'ils ne lui étaient plus utiles dans sa quête d'attention. »

L'histoire de cette enseignante illustre bien la métaphore de la communication orientée vers les solutions :

ARROSEZ LES FLEURS... ET SOUVENT LES MAUVAISES HERBES VONT DISPARAÎTRE PAR MANQUE D'ATTENTION !

C'est de **l'hypnose positive.** C'est mettre l'accent sur ce qui marche au travail, chez les employés, dans la famille. C'est déterminer les bons buts avec la question-miracle, chercher les exceptions et employer les échelles.

Souvent, quand on s'attaque à un problème, on l'amplifie, on culpabilise l'autre, on le blâme, on le dévalorise. Il importe de prendre conscience que chaque comportement cache une **intention positive** bien que maladroitement exprimée et aussi que la personne concernée fait **le meilleur choix** qui s'offre à elle pour le moment.

Si on observe bien autour de nous, on se rend compte qu'il est tout à fait exceptionnel que quelqu'un s'applique à mal faire. Il peut arriver occasionnellement qu'un employé ou qu'un enfant se sente démuni, sans ressources. Notre tâche consiste à renforcer le choix de ces gens de transformer une intention positive en réalité, en les aidant à dégager des comportements plus appropriés.

Je vais vous raconter une histoire un peu controversée telle qu'elle m'a été rapportée par un travailleur social œuvrant auprès de familles en difficulté.

« J'ai rencontré une mère qui avait mis la main de son enfant sur le rond d'un poêle allumé. Bien sûr que c'est épouvantable et inacceptable ! Mais cette femme avait pourtant une **intention positive** : elle voulait apprendre à son enfant à ne pas toucher la cuisinière quand elle était allumée. Ce n'est peut-être pas brillant mais **elle a fait le meilleur choix qui s'offrait à elle** dans ce cas. Parce que je connaissais son intention positive, je pouvais lui suggérer d'autres façons de l'enseigner à l'enfant. Le résultat, c'est qu'elle n'a jamais plus brûlé ni cet enfant ni les autres plus jeunes. »

La plupart des personnes en difficulté n'ont pas beaucoup de choix au niveau conscient. Elles se sentent démunies. Notre tâche, comme communicateur orienté vers les solutions, est de découvrir leur intention positive. Lorsque nous la connaissons, nous pouvons multiplier les solutions à leur disposition pour qu'elles puissent faire un meilleur choix pour accomplir leur intention positive !

LE CHANGEMENT EST NON SEULEMENT POSSIBLE, IL EST MÊME INÉVITABLE !

Beaucoup de personnes autour de nous, autant au travail qu'à la maison, font ce que l'on appelle des « **généralisations négatives** » : « Rien ne marche dans ma vie. Tout va mal ! Cet employé fait de la misère à tout le monde ! Ce coéquipier est malhonnête ! Ça ne changera jamais ! » Et ainsi de suite !

Mais en observant attentivement la situation, on découvre qu'il y a **des hauts et des bas** dans la vie de chaque personne. Et chaque haut, c'est ce que l'on appelle **une exception** que l'on peut dénicher et donc amplifier, arroser. Et ça, même si l'autre personne, dans une situation donnée, vous affirme : « Il n'y a aucune exception dans mon travail ou dans ma vie ! » Votre don à cette personne, c'est de savoir qu'il y en a !

Il y a toujours de bonnes journées et de moins bonnes journées. Demandez aux infirmières dans les hôpitaux, elles vous confirmeront que pour tous les patients, il y a même de bonnes heures et de moins bonnes heures dans la journée.

Une infirmière qui est orientée vers les solutions pose la **question-échelle** à ses patients : « Où étiez-vous sur l'échelle de bien-être ce matin ? Cet après-midi ? Au milieu de l'après-midi ? Sur une échelle de bien-être de 1 à 10, où en étiez-vous tôt ce soir ? Et maintenant ? » Il y a des hauts et des bas et ils varient même d'une journée à l'autre.

Si vous posez la **question-échelle** de bien-être à un **Plaignant,** où portera-t-il son attention sur l'échelle ?

Sur le haut ou sur le bas ? Sur le bas, bien sûr ! Est-il en train de vous « résister » ? De vous mettre en « échec » ? Non, il a sa façon unique de coopérer avec vous (le style Plaignant).

Chacun a **sa façon unique de coopérer.** Les gens coopèrent à la manière d'un Visiteur, d'un Plaignant ou d'un Acheteur. Reconnaître ces distinctions vous permet de **mieux accepter chaque personne** et donc de mieux faire face à toute situation et de mieux vous en sortir.

106

Maintenant que vous disposez des notions de base de la communication orientée vers les solutions, **vous écoutez le cheval,** vous le suivez dans le champ des problèmes (accompagnement) et doucement, paisiblement, respectueusement, vous le ramenez sur le chemin des solutions — le chemin des forces, des ressources, des exceptions et des bons buts.

Nous savons qu'il y a **de bonnes journées** et **de moins bonnes journées.** Qu'il y a **de bonnes semaines** et **de moins bonnes semaines.** Notre travail consiste à faire de l'accompagnement, à écouter les bas puis à **ramener le cheval sur les hauts.**

LA COMPRÉHENSION DU PROBLÈME N'EST PAS ABSOLUMENT NÉCESSAIRE POUR OBTENIR DES CHANGEMENTS !

Ici, Erickson nous donne un point de vue de **troisième génération.** Dans la première génération, on croyait qu'il fallait absolument comprendre le problème pour le résoudre. On passait parfois des années dans le champ des problèmes. Je ne suis pas en train de dire qu'il est complètement inutile de comprendre le problème. Au travail, j'ai parfois besoin de données précises sur certaines choses d'ordre technique.

Mais dans **la communication orientée vers les solutions,** on passe **beaucoup moins de temps dans la sphère de l'explication du problème.** On va beaucoup plus rapidement vers la réalité que l'on veut créer et la manière d'atteindre son but. On se demande quels sont les petits pas que l'on peut faire pour avancer vers le but réaliste que l'on s'est fixé. On cherche ce que l'on peut accomplir à court terme. L'**accent** est mis **sur les solutions,** non sur l'explication des problèmes.

On a déjà beaucoup parlé de l'importance de nos pensées, de nos croyances et de nos présuppositions. Si on aide quelqu'un à changer ses pensées, ses croyances, ses présuppositions,

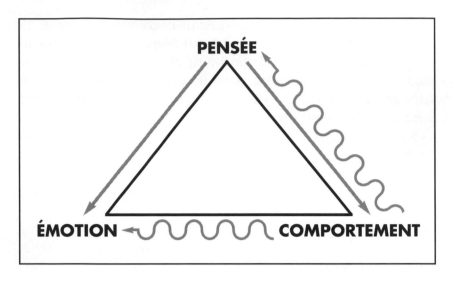

cela va créer des changements dans son comportement et ses émotions (voir diagramme).

DEMANDEZ AU CLIENT DE FAIRE QUELQUE CHOSE !

Nos interventions sont subtiles et souvent indirectes parce qu'elles s'adressent à l'inconscient. Le résultat de cette manière d'intervenir dans l'approche de **la COS,** c'est que les comportements commencent à changer.

De plus, on peut aider le client à **agir,** à **se comporter d'une façon différente.**

Simplement poser la **question-miracle,** faire parler quel-qu'un de la solution qu'il envisage, c'est déjà arroser les fleurs, **faire bouger.** Avec la question-miracle (chapitre 3) on demande au client de parler de son **bon but,** de la situation idéale qu'il désire atteindre.

Le fait de décrire en détail un avenir dans lequel le pro-blème est déjà résolu aide à créer **l'attente** que le problème sera réglé. Cette attente, une fois créée, peut aider le client à **penser** et à **agir** d'une manière qui va mener à sa **réalisation.**

Le simple fait de poser la **question-exception** amène les gens à **faire** un peu **plus de ce qui fonctionne.** Quand ils changent de comportement, ils font plus de ce qui marche et cela crée des changements dans les pensées : « Tiens ! Je suis capable. J'ai des forces ! J'ai des ressources ! Mardi dernier, c'est vrai, j'ai été meilleur. J'ai fait ça, ça et ça. » Cela crée aussi des changements dans leur état émotionnel. Ils se sentent mieux.

UN SEUL PETIT CHANGEMENT EST NÉCESSAIRE !

L'une des beautés de l'approche des deuxième et troisième générations est qu'il s'agit d'une **approche minimale.** On ne cherche pas de gros changements.

Les échelles permettront de dénicher les petits changements. Dans certains établissements de soins de santé au Québec, la question favorite est :

« Où en êtes-vous sur l'échelle ? »

« Je suis à 2. »

« Qu'est-ce que ça va prendre pour aller à 2,1 ? »

À l'école, si un étudiant a trois bonnes réponses dans un test comportant cinq questions, il est important de ralentir et de valoriser l'effort : « Vous avez réussi à obtenir trois réponses correctes. »

On ralentit pour **augmenter l'estime de soi** de l'élève, pour faire de l'accompagnement, pour renforcer l'action positive. Et puis on peut demander : « Qu'est-ce que ça va prendre pour que vous trouviez quatre ou cinq bonnes réponses la prochaine fois ? » Vous saisissez la technique ? **Ralentir pour augmenter,** pour célébrer et renforcer les petits changements. On va dédramatiser et défaire les attentes irréalistes. La plupart des personnes veulent être à 8, à 9 ou à 10 sur l'échelle, et tout de suite ! Si quelqu'un se situe à 2, mon vœu est de l'aider à se rendre à 2,1 ou à 2,5. Je veux l'aider à célébrer la victoire. Je vais valoriser le 0,1 obtenu. Si quelqu'un se situe à 0, mon but est de l'aider à se rendre à 0,1. Si quelqu'un est à -5, mon objectif est de l'aider à monter l'échelle à - 4. **Un seul petit changement.** Mais un changement qui porte fruit.

Dans une usine où j'ai été consultant, le moral de toute une équipe de travailleurs se situait à 2. En cinq mois, grâce au système des échelles, le moral est monté à 3, puis à 3,5, puis à 4,7, 5,1 et 6,7. La dernière fois que je les ai rencontrés, ils étaient à 7,5. On fait de petits mouvements pour monter.

Nous avons déjà vu plusieurs principes importants d'Erickson. Dans le prochain chapitre, nous approfondirons un peu plus le thème de **la coopération** et nous étudierons **le noyau de toutes les communications efficaces**, c'est-à-dire l'**accompagnement** et l'**orientation**.

Chapitre 9

LA COOPÉRATION

D ans les chapitres précédents, nous avons vu que la troisième génération en communication nous menait directement à une philosophie de coopération.

Nous acceptons et utilisons la réalité actuelle de nos principaux collaborateurs, de notre conjoint et de nos enfants.

ACCOMPAGNEMENT ET ORIENTATION

Nous possédons désormais beaucoup d'outils pour mieux coopérer, notamment l'**accompagnement,** terme qui signifie entrer dans le monde de l'autre, rejoindre chacun dans son monde. Nous acceptons ce que l'autre a à offrir, nous parlons son langage, nous cherchons ses mots clés, ses phrases, ses valeurs, ses métaphores.

Nous avons vu aussi qu'une des meilleures façons de faire de l'accompagnement était de reconnaître les Visiteurs, les Plaignants et les Acheteurs.

Avec un **Acheteur,** on peut aller à **haute vitesse.** Pas besoin de ralentir, d'accompagner le cheval dans le champ des problèmes. Pas besoin de faire beaucoup d'accompagnement.

Avec un **Plaignant,** il faut adopter la **vitesse moyenne.** On a **besoin de ralentir,** de faire **plus d'accompagnement,** d'aller avec le cheval dans le champ des problèmes. On a besoin de parler un peu plus des problèmes, d'écouter l'autre nous en faire part.

Avec un **Visiteur,** c'est la **vitesse lente** qu'il faut choisir. Il est nécessaire de ralentir encore davantage, de **faire encore plus d'accompagnement** pour bâtir la relation. En général, selon les Visiteurs, ce sont les autres qui ont des problèmes.

L'accompagnement et l'orientation sont des outils pour toutes **les communications efficaces.** L'accompagnement signifie qu'on se **synchronise** avec quelqu'un. Le mot **orientation** désigne ce qu'on fait quand on guide l'autre personne.

**La « résistance » manifeste un plus
grand besoin d'accompagnement.**

Votre cheval s'égare dans le champ des problèmes. Vous l'écoutez puis, respectueusement, paisiblement, vous essayez de ramener le cheval. Si le cheval rue, est-ce qu'il vous résiste? Est-ce un échec? Non, c'est un apprentissage! Et qu'est-ce que vous venez d'apprendre? Qu'il faut ralentir et faire davantage d'accompagnement avec le cheval Plaignant. **La « résistance »** apparente de cette personne vous montre qu'elle a **besoin de plus d'accompagnement.**

L'HISTOIRE DE JÉSUS-CHRIST

Une bonne façon d'illustrer davantage l'accompagnement et l'orientation, c'est peut-être de raconter une autre histoire vécue par Milton Erickson.

À un certain moment, Milton Erickson travaillait dans un hôpital psychiatrique où un client, John Smith, se prenait pour Jésus-Christ. Étiqueté comme un cas lourd, John Smith vivait dans cette institution depuis dix ans. C'était un cas désespéré qui mettait tout le personnel de l'hôpital en échec.

On appelait John Smith un « **cas lourd** », un « **cas difficile** », un « **cas désespéré** ». Tous les adjectifs que l'on utilisait pour décrire le « cas John Smith » étaient des **recadrages négatifs** qui n'étaient pas susceptibles de l'aider. C'étaient ce que l'on appellera ici des **prophéties qui s'autoréalisent**.

Erickson est arrivé dans cette institution où, pendant dix ans, tous les psychiatres, les infirmières, les psychologues, les préposés et les travailleurs sociaux, avaient tenté de **convaincre** John Smith qu'il n'était pas Jésus-Christ. Est-ce que John Smith était Acheteur pour cette idée ? Non, pas du tout ! Est-ce que ce manque de résultat les avait empêchés de **continuer à faire ce qui ne marchait pas** ? Non. Ils considéraient qu'ils détenaient la vérité, c'est pourquoi ils s'étaient acharnés pendant dix ans à répéter la stratégie qui ne fonctionnait pas.

Erickson est arrivé avec une autre façon de percevoir le patient. Il était prêt à faire de l'**accompagnement**, à entrer au moins temporairement dans le monde de l'autre, à parler le langage de l'autre. Il lui a dit, en lui serrant la main : « Bonjour, Jésus. Je m'appelle Milton. »

Qu'est-il arrivé spontanément ? L'autre s'est senti accepté.

Milton Erickson a continué :

« Jésus, si je ne me trompe pas, tu es très compétent en menuiserie. Ton père, Joseph, était un bon charpentier et toi aussi tu connais ce métier, n'est-ce pas ? »

Jésus a dit :

« Oui, mon père, Joseph, était charpentier. Oui, je suis bon en menuiserie. »

Erickson a continué :

« Jésus, si je ne me trompe pas, ta raison d'être sur la planète, la raison pour laquelle tu as choisi d'être ici avec nous, c'est de nous aider, de nous donner, n'est-ce pas ? »

Jésus-John Smith a répondu :

« Oui, oui, c'est vrai. C'est ma mission sur la planète ! »

Vous comprenez le langage d'**accompagnement** de Milton Erickson ?

« Tu es Jésus (accompagnement). Tu es charpentier (accompagnement). Tu es venu pour aider les gens (accompagnement). »

Puis, Erickson est passé à l'étape suivante (**orientation**) :

« C'est intéressant, Jésus. Il y a un gros projet de rénovation dans l'hôpital. Des charpentiers, des menuisiers travaillent à construire des tablettes dans la bibliothèque. Aimerais-tu les aider ? » (orientation)

Et Jésus-John Smith a dit :

« Je suis Jésus, je suis charpentier, j'aime les gens. Oui, je vais aller aider les charpentiers ! »

Et, pour la première fois en dix ans, John Smith est allé accomplir un travail utile avec les hommes qui rénovaient la bibliothèque de l'institution.

Il y a souvent un « punch » dans les histoires de Milton Erickson ; c'est le cas ici.

Huit mois plus tard, le gros projet de rénovation était terminé et l'équipe d'ouvriers est repartie avec un nouveau collègue qui s'appelait John Smith !

À ce moment-ci, il est important de se rappeler que toutes les histoires sont des métaphores. Nous avons tous un Jésus-Christ, **un cas difficile** dans notre vie (soit au travail ou dans la vie privée). Cette histoire illustre bien les principes d'Erickson que nous avons examinés ensemble dans le chapitre 8.

RÉVISION DES PRINCIPES D'ERICKSON

Nᵒ 1 : **Le principe « c'est OK ».** La plupart des membres du personnel de l'hôpital percevaient John Smith comme un cas désespéré. Comme une plante ou une fleur totalement abîmée. Toutes les étiquettes négatives et pathologiques qu'on lui avait imposées relevaient de la première génération de communicateurs. Elles n'étaient pas de nature à favoriser la transformation de cette personne.

En revanche, Milton Erickson entretenait des croyances profondément différentes au sujet de l'être humain.

Pour Milton Erickson, John Smith est un être humain. Et **quelque chose** en lui **est** forcément **correct** (« c'est OK »). En dépit des dix ans d'efforts stériles consentis par tous les gens qui s'étaient occupés de John Smith, Erickson est arrivé avec l'idée que demain est une autre journée.

Nᵒ 2 : **La personne a déjà les ressources nécessaires en elle.** En effet, Milton Erickson a réussi à dégager les ressources insoupçonnées dont John Smith avait besoin pour s'en sortir.

Nº 3 : La personne fait le meilleur choix qui s'offre à elle pour le moment. John Smith se prenait pour Jésus. Erickson a augmenté les choix à sa disposition. Il pouvait conserver toutes les étiquettes négatives dont on l'avait affublé ou encore aller travailler avec les charpentiers. John Smith a fait un nouveau choix.

Nº 4 : Chaque comportement relève d'une intention positive. Erickson a compris que cet homme n'avait pas choisi le personnage de Jésus pour rien. Il l'avait choisi parce qu'il voulait aider les gens. Erickson a **utilisé** cette intention positive.

Nº 5 : Le changement est inévitable ! Tout le monde pensait que John Smith était un cas chronique, un cas impossible qui n'allait jamais changer. Milton Erickson, lui, communicateur hors du commun, a basé son intervention sur la présupposition que le changement était inévitable.

Nº 6 : La compréhension du problème n'est pas absolument nécessaire.

Erickson n'a pas essayé de faire comprendre à Jésus qu'il n'était pas Jésus, qu'il était John Smith. Tout le monde avait essayé ça pendant dix ans et ça n'avait pas marché. Il était clair que John Smith n'était **pas du tout un Acheteur** à ce moment-là, pour cette idée-là. C'était plutôt un **Visiteur.**

Erickson a demandé à John Smith de **faire quelque chose de différent.** Il l'a aidé à aller travailler avec les ouvriers de la construction et cela a changé ses pensées. Peut-être que c'est devenu un peu plus intéressant d'être John Smith. Cela a changé ses émotions. Il se sentait mieux !

Par ailleurs, il s'agissait d'**un petit changement** et ce petit changement a débuté tout un système. C'est l'effet « boule de neige », comme on dit.

116

Erickson a complètement **accepté la réalité, la vérité actuelle** de John Smith et **il l'a utilisée** pour son mieux-être. J'aime beaucoup cette expression : **vérité actuelle**. Le mot « actuelle » nous rappelle que notre perception de la réalité est très fluide et changeante. Si vous acceptez la vérité actuelle de l'autre, vous courez la chance que cette vérité puisse changer.

CONVAINCRE : MÉTAPHORE MILITAIRE

Tous les employés d'une institution ont essayé pendant dix ans de **convaincre** un homme qu'il n'était pas Jésus. Avez-vous compris que **si vous êtes en train d'essayer de convaincre** quelqu'un de quelque chose, **vous avez déjà perdu ?**

Probablement que **vous employez le langage « Acheteur »** (haute vitesse, parler directement au conscient) **avec des Plaignants** et **des Visiteurs.**

« **Con-vaincre** » : c'est une métaphore militaire. Vous êtes en train d'essayer de vaincre la vérité actuelle de l'autre avec votre vérité supérieure. Si vous luttez contre cette vérité, vous attaquez, vous agressez, vous dévalorisez cette vérité et c'est ainsi que l'on perd l'attention de l'autre personne. **La résistance entraîne la persistance.** Notre résistance à la vérité actuelle de l'autre entraîne la persistance du problème.

Finalement, Erickson a rejoint l'autre personne dans son monde, dans sa vérité actuelle. Il a parlé le langage de l'autre personne, il a d'abord fait de **l'accompagnement** et ensuite de **l'orientation,** ce qui est **le noyau de toutes les communications efficaces.**

Vous le faites déjà avec vos collègues, avec votre conjoint, avec vos enfants. Mais beaucoup d'entre nous **parlons trop directement et trop vite** (langage Acheteur) **avec beaucoup de monde.** Afin de mieux coopérer, **nous avons besoin d'apprendre à ralentir** pour **faire plus d'accompagnement.**

Nous avons déjà parlé des devises de la COS. Abordons maintenant une autre devise clé de cette approche : **la résistance entraîne la persistance.**

Chapitre 10

LA RÉSISTANCE ENTRAÎNE
LA PERSISTANCE

```
COOPÉRATION

Non-Résistance

Résistance ──────────▶ Persistance

Acceptation ──────────▶ a) Diminution
                        b) Disparition
```

Un jour, à bord d'un avion, un homme d'affaires assis à côté de moi m'a demandé : « Si vous aviez à résumer en une phrase votre approche, **la communication orientée vers les solutions,** quelle serait cette phrase-clé ? J'ai immédiatement répondu : « **La résistance entraîne la persistance.** » D'un certain point de vue, toute l'approche de **la COS** est contenue dans cette petite phrase. Ce à quoi vous résistez va persister.

UN EMPLOYÉ RÉSISTANT

Pour bien illustrer le sens de cette devise fondamentale, laissez-moi, une fois encore, vous raconter une histoire classique.

Un client arrive dans mon bureau. Il lance : « C'est écœurant, c'est dégueulasse, j'ai un gros problème, je n'en peux plus, je suis épuisé. Je ne sais pas quoi faire. » Les paroles du client sont le problème.

Dans **la séquence orientée vers les solutions,** nous avons :

N° 1 : le problème.

N° 2 : le but. « Si ça va mieux, ce sera comment ? » Il me donne sa description dans ses mots clés. « Ah ! oui, ça va être **mieux au bureau,** je serai **plus à l'aise à mon travail** (mots clés). »

Et son but, c'est d'aller vers cet idéal. Mais il ne commence pas tout de suite à aller dans la direction souhaitée. Il commence à pousser dans la direction inverse, à retourner dans le champ des problèmes. Il pousse très fort. (Peut-être est-ce un Plaignant, oui, mais... oui, mais…)

À ce moment, comme communicateur, je peux me dire : « Ah ! mon Dieu que cette **personne** est **difficile !** Elle est **résistante.** Elle n'est **pas coopérative,** elle **n'est pas motivée !** » Voilà tous nos recadrages négatifs favoris, que nous employons lorsque la personne ne veut pas aller dans la direction qu'on lui suggère. Quand elle n'est pas tout de suite Acheteuse pour notre solution, pour notre vérité.

« Mon Dieu, tu as dit que ton but c'est de... et de... et tu fais exactement le contraire. Tu mets l'entreprise en danger ! Tu gruges mon énergie ! C'est très difficile ! Je vais tomber malade ! » Et l'on pense : « **Cette personne me résiste. Elle ne coopère vraiment pas !** »

Je sais que vous n'avez jamais fait ça avec vos collaborateurs, avec vos associés, avec votre conjoint. Jamais de la vie ! Mais moi, dans le passé, de temps en temps, cela m'est arrivé.

Puis, j'ai découvert **la communication orientée vers les solutions.**

Maintenant, la personne arrive dans mon bureau et elle dit : « J'ai un gros problème. Ça va mal. C'est dégueulasse, c'est terrible, c'est absolument épouvantable. » Nous travaillons ensemble à découvrir son but. Son but est d'aller dans une direction précise, mais elle commence à pousser très fort dans la direction inverse, à retourner dans le champ du problème (Plaignant : oui, mais... oui, mais...). Maintenant, au lieu de tenter de la convaincre d'aller dans la bonne direction, je suis prêt à l'accompagner dans la direction inverse.

« Quelle bonne idée (pour le moment) d'aller un peu dans cette direction (accompagnement, accompagnement, accompagnement) ! »

Auparavant, j'aurais **accolé** à cette personne une **étiquette négative** : résistante, non coopérative, non motivée.

On fait ça avec nos enfants, avec nos conjoints, nos collègues, nos clients, les membres de nos familles, etc.

Question piège ou question clé : Dans la première version de l'histoire, **est-ce que la personne me résistait ?**

Non ! A) Elle faisait de son mieux. B) Elle avait des intentions positives. C) Elle avait sa façon unique de coopérer (Visiteur ou Plaignant). D) Quelque chose était correct.

Moi, de temps en temps, dans le passé, **j'ai résisté à mes clients.** Je poussais dans le sens inverse quand ils voulaient aller dans une direction opposée à la mienne. Mais est-ce que mes clients ont collaboré ? Pas du tout ! Est-ce que c'était un échec ? Non ! C'était **un apprentissage.** Et qu'est-ce que j'ai appris ? Que j'ai besoin de penser différemment et/ou d'agir différemment. Je poussais dans le sens inverse de mon client et **ma résistance entraînait la persistance des problèmes,** des difficultés, des comportements non désirés.

Mais **si j'accepte mon client,** mon collaborateur, au moins temporairement (accompagnement, accompagnement, accompagnement), avec sa façon unique de coopérer (Plaignant, Visiteur), à un moment donné, je vais **entrer en rapport avec lui.** Graduellement, je peux ramener le cheval vers son but, celui qui servira le mieux nos intérêts et ceux de l'organisation.

Reprenons maintenant l'histoire de Jésus-Christ. Milton Erickson n'a pas répété ce qui ne marchait pas depuis dix ans. Il n'est pas entré en disant : «Tu n'es pas Jésus.» Il savait que **la résistance entraîne la persistance !** Erickson est arrivé en disant : «Bonjour Jésus (**accompagnement**). Ah ! tu es le fils d'un charpentier (**accompagnement**). Ah ! tu aimes aider les gens (**accompagnement**). Aimerais-tu aider les ouvriers à rénover la bibliothèque (**orientation**) ?» Atteinte des objectifs. **Accompagnement** et **orientation,** le noyau de toutes les communications efficaces.

La résistance entraîne la persistance. **L'acceptation (accompagnement) entraîne la diminution,** voire la disparition du nœud ou du cœur du problème. C'est pourquoi j'affirme que la souffrance est optionnelle ! Comme je l'ai déjà dit dans ce livre, je ne nie pas que la souffrance existe.

Cependant, **en apprenant à moins résister aux personnes et aux situations difficiles** dans notre vie, nous pouvons contribuer au moins à la diminution de la souffrance, peut-être même à sa disparition.

JUDO PSYCHOLOGIQUE

Vous avez tous entendu parler des arts martiaux : le tai chi, le judo, le kung fu, etc.? Ce que je vous présente actuellement, c'est en quelque sorte un **judo psychologique.** Au lieu de pousser dans le sens inverse, on va aller dans le même sens que l'autre personne.

Si le communicateur, le gestionnaire, le professeur, l'associé, peu importe, **voit la résistance** de l'autre personne, **il ne peut pas voir ses efforts de coopération. Si,** en revanche, le **communicateur cherche la façon unique de coopérer** (Visiteur, Plaignant, Acheteur) **de chaque personne,** il **ne peut pas voir la résistance.**

CASSETTE POUR LES PERSONNES DIFFICILES

Nous avons tous tendance à résister à certaines personnes ou à certaines situations dans notre vie. Mais maintenant, nous comprenons que notre résistance entraîne souvent la persistance des difficultés et même la détérioration de la situation. Donc, c'est important de disposer d'autant de méthodes que possible pour nous aider à moins résister à ces personnes et à ces situations difficiles.

Si vous éprouvez des difficultés avec quelqu'un ou si vous blâmez l'autre personne, vous pouvez vous souvenir de la devise : **la résistance entraîne la persistance** et vous pouvez faire **jouer** dans votre tête **la cassette suivante** basée sur les principes d'Erickson : A) Cette personne difficile fait de son mieux. B) Elle a des intentions positives. C) C'est sa façon unique de coopérer (Visiteur, Plaignant). D) Quelque chose est correct.

Cette cassette peut vous aider à moins résister à l'autre personne, à vous calmer, à **vous remettre dans un état de ressource** où vous allez avoir accès à tous vos moyens et à toutes les solutions possibles.

Mais si vous êtes en train de vous juger, de vous décourager, de vous blâmer, **vous pouvez vous parler à vous-même** en utilisant la même cassette. A) Je fais de mon mieux. B) J'ai des intentions positives. C) C'est ma façon unique de travailler. D) Quelque chose est correct.

LA PERSONNE LA PLUS DIFFICILE !

Qui est **la principale personne que vous pouvez aider** ? Tout le temps ? Vous-même ! Et **qui est** souvent et même très souvent **la personne la plus difficile** ? Encore une fois, c'est vous-même !

C'est très important d'être aussi respecteux envers vous-même que vous l'êtes avec les autres personnes dans votre vie, de vous accepter comme vous les acceptez. Et souvent, si vous prenez soin de vous-même, si vous vous acceptez, cela va rendre le monde « extérieur » beaucoup plus agréable.

Notre société est encore très « **première génération** ». En observant bien, nous découvrons que nous vivons dans **une société de Plaignants.**

Regardez un peu la télé, et vous verrez à quel point les Plaignants sont nombreux ; ils pointent du doigt pour blâmer ou culpabiliser l'autre.

EXERCICE

• Peut-être aimeriez-vous lever la main et pointer du doigt une autre personne ? Mais, observez bien ce qui se passe lorsque vous pointez un doigt en direction de l'autre : il y a trois doigts qui se retournent contre vous…

- Blâmer votre conjoint, votre enfant, un collègue au bureau, un gestionnaire ou un employé ne sert à rien. **Les jugements négatifs** au sujet d'une autre personne ou de vous-même constituent **une forme de résistance** qui **entraîne la persistance des problèmes et des difficultés.**

- Un de mes professeurs, Deepak Chopra, a dit : «Aujourd'hui, je ne jugerai rien ni personne ! » Et il a senti une énergie nouvelle en lui. **Oui,** ça libère et ça permet de progresser formidablement !

- Nous sommes difficiles avec les autres et avec nous-même ! Nous sommes durs ! Pourrions-nous être **un peu plus coopératifs,** un peu plus respectueux envers tout le monde dans notre vie ? Accepter un peu plus ?

CONCLUSION

Pour boucler la boucle : **si le communicateur voit la résistance de l'autre personne, il ne peut pas voir ses efforts de coopération. Si, en revanche, il voit sa façon unique de coopérer, il ne peut pas voir la résistance.**

Voici maintenant l'avant-dernier chapitre : **Ne changez pas trop vite !,** où nous approfondirons la différence entre l'hypnose positive et l'hypnose négative.

Chapitre 11

NE CHANGEZ PAS TROP VITE !

Un extraterrestre qui aurait été sensibilisé aux trois styles de coopération: Visiteur, Plaignant et Acheteur dirait que nous évoluons dans une société de Plaignants. C'est la forme d'hypnose que nous avons achetée et que nous prenons pour notre réalité.

En conséquence, il m'a semblé important de revenir sur ce sujet afin que nous sortions ensemble de cette forme d'autosuggestion (transe).

J'ai parlé d'hypnose. De l'**hypnose positive** (« Arrosez les fleurs... pas les mauvaises herbes ! ») et de l'**hypnose négative** par laquelle on donne de l'énergie aux problèmes.

Et on a vu, au cours des précédents chapitres, que **nous sommes tous des hypnotiseurs.**

UNE STRATÉGIE POUR LES PLAIGNANTS

On a vu que le Plaignant se considère comme une pauvre victime passive pour qui rien ne marche sur le plan du conscient. Un Plaignant se sent très démuni. Les Plaignants entretiennent, en général, beaucoup de croyances très négatives.

LE LANGAGE PASSIF

Les personnes déprimées sont-elles des Acheteurs, des Plaignants ou des Visiteurs ? Généralement des Plaignants ! Elles savent qu'il y a un problème, mais elles ne sont pas encore prêtes à faire quelque chose pour le régler. Une personne déprimée peut dire : « Ah ! ça va mal, ça va mal. Je suis épuisée. Je suis au bout de mon rouleau. Ça fait trois mois que je suis déprimée. » Très souvent, elle hypothèque son avenir en rajoutant : « Je vais être déprimée pour le reste de ma vie. » **Un souvenir dans l'avenir.** Une prophétie qui risque de s'autoréaliser.

Une personne déprimée entretient des croyances dysfonctionnelles, pessimistes, négatives, n'est-ce pas ?

Quand une personne déprimée arrive dans mon bureau ou dans le vôtre, devrions-nous parler directement à son conscient ou **indirectement à son inconscient ?** Est-ce que nous allons lui demander de faire quelque chose ? Non, parce qu'elle est une pauvre victime passive, elle ne peut rien faire. Je vais employer le **langage passif.** Les personnes déprimées sont des Plaignants.

ACCOMPAGNEMENT ET LANGAGE PASSIF

J'écouterai beaucoup. Je ferai **beaucoup d'accompagnement.** Le cheval est dans le champ des problèmes. « Je suis angoissé, je suis déprimé, ça ne va pas ! » Et souvent, la personne pense :

« Je suis déprimée depuis trois mois, je vais être déprimée pour le restant de ma vie. » Vais-je **attaquer cette croyance**

128

directement ? Non ! Est-ce que je vais **essayer de** la **convaincre** ? Est-ce que je vais tenter de lui remonter le moral ?

Que faisons-nous généralement avec notre conjoint, un collègue de bureau, un enfant déprimé ? Généralement, nous les traitons comme des Acheteurs. Cela veut dire que nous **parlons directement à leur conscient.** Nous essayons de les raisonner, de leur faire voir le bon côté de la vie et de leur vie en particulier. Le vrai message que nous leur envoyons alors c'est : « Ce n'est pas correct, ce n'est pas OK d'être déprimé! »

LA RÉSISTANCE ENTRAÎNE LA PERSISTANCE

On lutte alors contre la déprime et c'est ainsi qu'on la renforce ! La personne arrive dans mon bureau, je l'écoute : « Mon Dieu que c'est difficile ! Ce n'est pas facile d'avoir perdu mon poste ! C'est pénible d'être le parent d'un enfant qui a des problèmes ! » J'écoute et je reflète **les mots clés** de la personne qui se sent dans une impasse. Par exemple, si la personne me dit : « C'est insupportable ce qui m'arrive… », je vais répondre : « J'ai compris que vous trouvez la situation insupportable » !

La méthode de « Parents efficaces » apprend aux parents à reformuler ce que l'enfant a dit. Avec l'approche **COS,** on comprend que c'est important d'**employer les mots clés de l'autre.** Milton Erickson a dit : « Répète les mots clés de l'autre personne afin qu'elle se sente comprise. »

Les mots clés permettent de bâtir une relation, d'accueillir l'autre.

Après une quinzaine de minutes, je dirai : « Ma chère amie, vous êtes vraiment déprimée. C'est pénible, c'est épouvantable. Peu importe ce que vous faites, **ne changez pas trop vite.** » Et elle répondra : « Vous pouvez être certain que je ne changerai pas trop vite ! »

129

Mais qu'est-ce que je viens de **présupposer**? Que «**Vous êtes déjà en train de changer** et que **vous allez continuer à changer**. Vous allez en sortir...» Cela est **un changement radical**, immense, **dans le système de croyances de la personne**. Un changement **fait indirectement sur le plan de l'inconscient**.

UNE APPROCHE TRÈS PUISSANTE

Une personne est entrée dans mon bureau avec les croyances suivantes.

«Rien ne change dans ma vie. Je suis déprimée depuis trois mois. Je vais être déprimé pour le restant de ma vie.» Je n'ai **pas** abordé ça **directement**. J'ai dit: «Mon Dieu, peu importe ce que tu fais (accompagnement, accompagnement, accompagnement), ne change pas trop vite! (orientation)» Accompagnement et orientation. **La nouvelle croyance**: je suis en train de changer, mais pas trop vite s'il vous plaît. C'est une intervention très puissante! Pourquoi est-ce que ça marche? Erickson nous suggère que le conscient peut comprendre les pensées négatives, mais que l'inconscient (qui dirige vraiment, selon Erickson) ne comprend pas les pensées négatives.

EXERCICE

- Nous allons faire immédiatement une petite expérience. Je vous demande, s'il vous plaît, de **ne pas penser à un éléphant rose**! Fin de l'exercice. Qu'avez-vous fait? Vous avez imaginé, créé un éléphant rose parce que vous avez besoin de créer une image avant de l'effacer. Je viens de faire ce que l'on appelle **une commande hypnotique négative**. Vous avez vu cet éléphant rose, n'est-ce pas?

Les stratégies de restriction sont des commandes hypnotiques négatives, des **présuppositions hypnotiques**. Exemple : ne change pas trop vite. Un soir, à la télévision, j'ai entendu le chef d'une troupe de danseurs qui enseignait aux membres de son équipe : « Ne faites pas ça. Ne faites pas ça, ne faites pas ça... Ne faites surtout pas ça ! » Il « énergisait » exactement les choses qu'il ne voulait pas « énergiser » !

LA RÉSISTANCE ENTRAÎNE LA PERSISTANCE !

Beaucoup de parents vont avertir leurs jeunes enfants : « Mon petit, n'échappe pas le verre, s'il te plaît » ! Et l'enfant laisse tomber le verre ! Pourquoi ? Parce que le parent, sans le savoir, vient de donner **une commande hypnotique négative**. Ce qui est suggéré à l'inconscient, c'est d'échapper le verre !

L'HYPNOSE POSITIVE PLUTÔT QUE L'HYPNOSE NÉGATIVE

Ce que le parent a besoin de dire dans cette situation, c'est la formulation positive : « Chéri, tiens bien ton verre, s'il te plaît. » On dirait que c'est la même chose, mais le vrai message qui est communiqué est significativement différent. **Arrosez les fleurs,** pas les mauvaises herbes. **Parlez de ce que vous voulez,** pas de ce que vous ne voulez pas. « **Énergisez** » **les solutions** (troisième génération) plutôt que de corriger/attaquer les problèmes (première génération). **Hypnose positive** plutôt qu'hypnose négative.

L'HISTOIRE DE LA NATATION

Voici une histoire qui illustre bien cela. Ma sœur se baignait dans une piscine avec son fils Shaun, âgé de quatre ans. Elle voulait lui enseigner à nager. Mais, lui, il avait peur de mettre la tête dans l'eau. « Vas-y, Shaun, tu peux le faire ! » « Non ! J'ai peur, Maman ! J'ai peur, j'ai peur ! »

131

Elle voulait l'encourager, mais qu'est-ce qu'elle a dit? «Vas-y, Shaun. N'aie pas peur. N'aie pas peur.» **Commande hypnotique négative!** «Non, Maman. J'ai peur... j'ai peur!»

Hélène continuait pourtant à l'encourager. Ce dialogue, ce duel a continué pendant cinq à dix minutes. Mais, heureusement, ma sœur Hélène est **une mère orientée vers les solutions.** À un moment donné, elle s'est réveillée en pensant: «Oh! cela ne marche pas!» **Règle élémentaire n° 3. Si cela ne marche pas, A) ne le faites plus! B) Faites quelque chose de différent!** (Voir chapitre 5)

Est-ce un échec pour elle? Non, c'est un apprentissage. Elle s'est rendu compte que ce qu'elle faisait avec le petit ne fonctionnait pas. Elle a alors changé sa façon de penser et sa façon d'intervenir.

C'EST ASSEZ SIMPLE... MAIS PAS ÉVIDENT!

C'est assez simple, mais ce n'est pas évident quand on se trouve dans un cercle vicieux. Est-ce que vous pensez que Shaun est un Acheteur pour l'idée de mettre sa tête dans l'eau? Bien sûr que non! **C'est un Plaignant!** En réalisant cela, Hélène a changé de stratégie pour dire enfin: «Shaun, peu importe ce que tu fais, **ne mets pas ta tête à l'eau trop vite!**» Soudainement, le petit Shaun s'est mis à nager, la tête dans l'eau!

Nos **enfants,** nos **conjoints,** nos **collègues** de bureau, **sont toujours en train de nous guider,** de nous indiquer **la meilleure manière d'être et** de **communiquer avec eux.** Nous n'avons qu'à ouvrir les yeux et les oreilles puisque, maintenant, nous possédons la clé (Visiteur, Plaignant, Acheteur) qui nous permet de **ne pas traiter tout le monde comme un Acheteur.** Cette typologie respectueuse nous permet de **reconnaître les Visiteurs, les Plaignants et les Ache-**

132

teurs. Nous sommes en train d'apprendre à respecter ces personnes dans leur vérité actuelle.

Avec un Acheteur, vous pouvez vous permettre d'aller à haute vitesse, de parler directement au conscient. Mais, **avec les Plaignants,** on a besoin de **ralentir,** de faire **plus d'accompagnement,** et généralement de parler indirectement à l'inconscient.

NOUS SOMMES TOUS DES HYPNOTISEURS!

Est-ce que vous comprenez que vous êtes tous déjà de merveilleux hypnotiseurs avec vos collègues, vos employés, votre conjoint et vos enfants?

L'HISTOIRE DU LAISSEZ-PASSER DE SKI

Ma sœur et son mari se trouvent dans une station de sports d'hiver. Le petit Shaun porte au cou une cordelette avec un laissez-passer pour la saison de ski alpin. Le petit Shaun dit à son père : « Papa, Papa, j'ai envie de faire pipi. » Et David, son père, dit : « Tu es un grand garçon, tu as quatre ans maintenant, tu peux y aller toi-même. La toilette est juste là. Mon fils, quand tu seras aux toilettes, **n'enlève pas ton laissez-passer.** » Hélène éclate de rire parce qu'elle remarque que son mari, sans le savoir, vient de donner **une commande hypnotique négative** à leur fils. Trois minutes plus tard, le petit sort de la toilette sans son collier. Combien de petits ont besoin d'enlever une cordelette qui pend à leur cou pour faire pipi?

Vous voyez encore ici l'effet des commandes hypnotiques négatives. Nous devons faire attention aux mots, au choix des mots. Encore une fois : **arrosez les fleurs, pas les mauvaises herbes.** La troisième génération utilise l'hypnose positive par opposition à la première génération qui utilisait l'hypnose négative.

Pour conclure, est-ce que je peux vous demander, chers lecteurs,

de ne pas adopter la communication orientée vers les solutions trop vite ?

Et, surtout :

de ne pas avoir trop de plaisir en l'adoptant !

Chapitre 12

UNE PHILOSOPHIE
DE COOPÉRATION...
UNE PHILOSOPHIE « DAUPHIN »

Jusqu'ici, je vous ai raconté plusieurs histoires et je vous ai présenté plusieurs distinctions qui peuvent contribuer à l'enrichissement de votre vie. Nos deux histoires principales sont : « Je n'ai pas la vérité » et « L'histoire du cheval ». J'aimerais vous offrir maintenant une dernière métaphore, notre troisième histoire principale, l'histoire du dauphin. Celle-ci nous permettra de découvrir la dernière série de distinctions importantes : les trois types d'animaux dans la mer.

LES DAUPHINS COMPTENT PARMI LES ANIMAUX LES PLUS NATURELLEMENT COOPÉRATIFS !

Les dauphins sont naturellement enjoués. Ils sont **naturellement coopératifs.** Ils jouent gagnant-gagnant. Ils sont ainsi parce qu'ils vivent dans un monde d'abondance où il y a assez pour tout le monde... tout le temps !

Cette histoire de dauphins est une bonne métaphore pour l'approche orientée vers les solutions qui est basée sur la coopération. Une approche gagnant-gagnant, une approche d'abondance.

UNE HISTOIRE DE DAUPHINS

À San Diego, il y a quelques années, des chercheurs ont mis dans une grande piscine quatre-vingt-quinze requins et cinq dauphins qu'ils ont laissé vivre ensemble pendant une semaine. Qu'est-ce que les chercheurs ont trouvé dans la piscine une semaine plus tard ? Quatre-vingt-quinze requins morts et cinq dauphins qui jouaient ensemble, paisiblement. Que s'était-il passé ? Qu'était-il arrivé aux requins ?

Les requins s'étaient attaqués entre eux. Après quelque temps, il ne restait plus que quelques requins et les cinq dauphins. Les requins avaient commencé à attaquer les dauphins. Pourtant, les dauphins voulaient jouer avec les requins. Les dauphins, on le sait, sont naturellement enjoués et coopératifs.

LE REQUIN VOIT L'AUTRE COMME
UN ENNEMI POTENTIEL

La psychologie du requin est à l'opposé de celle du dauphin. Le requin voit toujours « l'autre » comme un ennemi potentiel. Comme un repas potentiel !

Les dauphins voulaient jouer dans la grande piscine avec les requins, mais ceux-ci ne voyaient en eux que des ennemis. Les dauphins avaient tenté différentes méthodes de rapprochement afin de démontrer aux requins qu'ils voulaient seulement jouer, mais ceux-ci les attaquaient sans cesse.

Alors, paisiblement, les dauphins avaient encerclé les requins. Lorsqu'un d'entre eux les attaquait, ils frappaient son épine dorsale ou encore ils lui fracturaient les côtes. C'est ainsi que les requins s'étaient noyés les uns après les autres, à force de ne pas vouloir jouer, de ne pas vouloir coopérer.

Les auteurs du livre *La stratégie du dauphin* affirment qu'il y a trois catégories d'animaux dans la mer : la carpe, le requin et le dauphin.

LA CARPE : UN POISSON-VICTIME !

La carpe est un poisson-victime. Elle se fait constamment écraser par les autres poissons. Elle se fait manger par les autres poissons.

On a tous joué le rôle de la carpe dans notre vie. On a tous plus ou moins été la victime de telle ou telle chose, de telle ou telle circonstance, de telle ou telle personne, selon le contexte.

LE REQUIN, STYLE GAGNANT-PERDANT !

La deuxième catégorie de poissons est représentée par le requin. Le requin adopte le style gagnant-perdant : « Pour que moi, je gagne, toi, tu dois perdre. » Et ce sans aucune nuance, sans aucune distinction.

Pour le requin, n'importe quel poisson est un ennemi. N'importe qui est un souper potentiel ! Peut-être avons-nous joué également ce rôle ou, du moins, avons-nous rencontré des requins dans notre vie professionnelle ou personnelle.

Depuis longtemps, on disait du monde des organisations où je travaille que c'était un monde de requins. De temps en temps, on me racontait les histoires de collègues qui étaient en train de se poignarder pour monter dans la hiérarchie. Ou encore on me racontait comment on attaquait, parfois sournoisement, les autres entreprises. Bref, je voyais évoluer et je conseillais des gens qui étaient plus ou moins en compétition permanente. Je vivais avec eux.

LE DAUPHIN, CE GRAND COLLABORATEUR !

Finalement, dans la mer, on trouve une troisième catégorie d'animal : **les dauphins.** Ce grand mammifère marin est naturellement enjoué, **naturellement coopératif.** Il s'engage naturellement dans une communication «**gagnant-gagnant**».

Le dauphin **habite dans un monde d'abondance** : rien ne lui manque et il veut partager avec tous.

Si un dauphin est blessé, on délègue quatre dauphins pour l'accompagner jusqu'à ce qu'il regagne le troupeau. On raconte beaucoup d'histoires dans lesquelles les dauphins ont même sauvé des vies humaines.

Les recherches menées à San Diego ont démontré que l'intelligence des dauphins est plus forte que celle des êtres humains. C'est un des animaux les plus intelligents sur la planète.

Comme nous l'avons dit tout à l'heure (chapitre 5) nous, les êtres humains, nous sommes des génies pour compliquer notre vie. Nous habitons dans un monde de requins (gagnants-perdants). Selon les Nations unies, il y a assez de nourriture pour alimenter toutes les personnes qui vivent sur la terre. Pourtant, les trois quarts de la population sont en train de mourir de faim et il y a plus de guerres actuellement sur la planète qu'il n'y en a jamais eu dans toute l'histoire de l'humanité. Des êtres humains sont en train de tuer d'autres êtres humains.

LE REQUIN HABITE DANS UN MONDE DE PAUVRETÉ !

La communication orientée vers les solutions apporte des **distinctions enrichissantes** tant pour éclairer la vie professionnelle que pour éclairer différemment la vie personnelle. **Le requin ne fait pas de distinctions.** Par conséquent, il vit dans un monde pauvre et étroit. Un monde où, pour qu'il gagne, les autres doivent mourir ou perdre.

Les requins ne font aucune distinction entre les requins et les dauphins. Tous les autres êtres sont des ennemis potentiels. Vous savez que les requins s'attaquent entre eux. Qu'ils peuvent se dévorer mutuellement.

Une loi de la cybernétique révèle que c'est la personne la plus flexible qui aura l'avantage dans n'importe quelle situation.

LE DAUPHIN EST BEAUCOUP PLUS FLEXIBLE PARCE QU'IL HABITE DANS UN MONDE REMPLI DE DISTINCTIONS ENRICHISSANTES !

Que se passe-t-il quand un requin rencontre un dauphin ? Le requin attaque : « J'habite dans un monde de pauvreté, gagnant-perdant, je vais te dévorer, je vais te tuer. »

Le dauphin est plus souple. Il se sert de sa souplesse, il s'échappe puis il offre le jeu de la vie. Il dit : « **J'habite dans un monde** de richesse et **d'abondance** à tous points de vue. Je joue le jeu de la vie. **Je suis coopératif.** Je suis enjoué ! Dans la mer, il y en a assez pour tout le monde. **Je joue gagnant-gagnant.** Voulez-vous jouer avec moi ? »

Et le requin attaque à nouveau. Sa psychologie de poisson lance : « **Gagnant-perdant,** pauvreté, je vais te manger immédiatement. J'ai peur de manquer de quelque chose ! »

139

JE SUIS ASSEZ FLEXIBLE POUR DEVENIR UN REQUIN QUAND C'EST APPROPRIÉ !

Encore une fois le dauphin s'échappe. Son langage, c'est « Abondance, **gagnant-gagnant,** enjoué, coopération. » Et le requin — qui n'a pas appris la communication orientée vers les solutions que connaît tout naturellement le dauphin — attaque.

Le requin dit : « Nous vivons dans une mer de **gagnants-perdants.** Une mer de pauvreté. » Le dauphin lui échappe en répétant : « Célébrons l'abondance de notre mer. Jouons **gagnant-gagnant ! Coopérons !** »

Le requin ne dispose pas des ressources intérieures nécessaires pour sortir de sa vision étroite ; il attaque donc de nouveau. Alors, voyant qu'il n'y a rien à faire, le dauphin affirme : « **Je suis assez flexible pour devenir un requin quand c'est approprié.** » Et il s'arrange pour affronter et tuer le requin.

Est-ce que vous voyez ça ? C'est très important. **Les gens éclairés,** naturellement « dauphin » (gagnant-gagnant), **savent** comment jouer « **gagnant-perdant** » quand c'est nécessaire !

UN DAUPHIN EN HERBE

Si par hasard, ce qui est très rare, le requin a l'intelligence de comprendre qu'il ne peut pas battre le dauphin et qu'il s'ouvre au jeu de coopération du **dauphin,** celui-ci lui **pardonnera facilement** et jouera avec **le dauphin en herbe.** Quand le requin se met à coopérer, à jouer le jeu de la vie (gagnant-gagnant), le dauphin le traite spontanément comme s'il était un dauphin.

DES CARPES PSEUDO-ÉCLAIRÉES

Nous pouvons tous reconnaître ces différentes catégories de poissons en nous. Dans le livre cité, on affirme aussi que plusieurs d'entre nous sont des carpes pseudo-éclairées. Cela veut dire que nous nous voyons comme des dauphins, mais que, de temps en temps, nous sommes un peu **trop gentils pour notre propre intérêt**; et c'est ainsi que l'on se fait écraser par les requins.

« Dauphiniser » les organisations, les couples, les familles !

Mon objectif, à l'aide de ce livre et des séminaires que je donne, est de « **dauphiniser** » les entreprises, les organisations, les institutions, les écoles, les familles et les couples.

Nous sommes tous à des niveaux divers **des dauphins en herbe !**

L'histoire des dauphins nous révèle surtout que nous ne sommes pas limités à un style particulier de poisson. Selon les nécessités du moment, nous avons **la flexibilité** nécessaire pour jouer les trois rôles. Nous pouvons devenir requins pour stopper les choses inacceptables. Les dauphins savent le faire. Ce qui ne les empêche pas de redevenir dauphins par la suite.

Idéalement, en tant que dauphins en herbe, nous adoptons autant que possible le style naturel du dauphin : **coopératif, gagnant-gagnant, abondance.**

Conclusion

Nous venons, chers lecteurs, de vous présenter un survol, une introduction, une sensibilisation à l'approche de la communication orientée vers les solutions. Entre collègues, nous disons que cette approche est:

Nº 1: Une façon de penser. Ex.: Je n'ai pas la vérité (chapitre 1), Troisième génération (chapitre 2), Les méta-croyances (chapitres 3 et 4), Les principes d'Erickson (chapitre 8).

Nº 2: Une façon de faire une conversation. Ex.: Les questions-miracle (chapitre 3), les questions-exception, les questions-échelle (chapitre 5).

Nº 3: Une façon d'intervenir. Ex.: Les règles élémentaires, les tâches (chapitre 5), Accompagnement et Orientation (chapitres 9 et 10).

Mais surtout, l'approche de la COS, **c'est une philosophie, une façon d'être, une attitude.** J'ai souvent dit à mes participants que c'est cette façon d'être ou cette attitude (ce système de croyances) qui est **notre don principal** aux autres et à nous-mêmes!

Au cours d'une journée de supervision, un participant a dit : « Je n'ai pas maîtrisé les techniques de **la COS**, j'en ai seulement intégré la philosophie. » J'ai éclaté de rire et j'ai répondu : « Si vous avez **la philosophie**, c'est **la chose la plus importante** ! Les techniques viendront d'elles-mêmes ! »

Dans un autre séminaire, un collègue m'a demandé : « Est-ce que cette approche s'applique partout dans toutes les situations ? » Étant un bon supporter de la troisième génération, je lui ai retourné la question : « Qu'en pensez-vous ? » Il m'a répondu : « Pas nécessairement toutes les techniques, mais **l'esprit de l'approche de la COS peut s'appliquer tout le temps,** en toute situation professionnelle ou personnelle ! »

Ce que nous avons présenté dans ce livre, c'est d'abord **une philosophie de coopération** — une approche **d'acceptation** ou **de non-résistance.** Nous avons beaucoup parlé de l'importance de **nos croyances** et de **nos présuppositions** pour nous aider à danser avec la vie au lieu de pousser dans une autre direction. Surtout, nous avons reconnu que **la résistance entraîne la persistance.**

Par conséquent, la plupart **des idées et des techniques** présentées ici sont « **énergisées** » **par cet esprit d'acceptation** et de non-résistance :

NOS CROYANCES FONDAMENTALES :
1- La prière de la sérénité
2- La situation dans laquelle vous vous trouvez en ce moment est parfaite pour votre croissance !

QUELQUES QUESTIONS IMPORTANTES à vous poser :
1- Avez-vous des problèmes ou des **occasions** ?
2- Vivez-vous des échecs ou des **apprentissages** ?
3- Habitez-vous dans un monde où il n'y a qu'une **vérité** ou **plusieurs** ?

144

4- N'y a-t-il qu'une **solution** ou **des milliers** ?

5- Vivez-vous dans un monde où les autres vous résistent, où ils sont non motivés et non coopératifs ou dans un monde où chaque personne a **sa façon unique de coopérer** (Visiteur, Plaignant, Acheteur) que vous pouvez reconnaître et utiliser afin de mieux collaborer avec elles ?

6- Faites-vous de l'hypnose négative ou de **l'hypnose positive** ?

7- Finalement, **ARROSEZ-VOUS LES FLEURS** ou les mauvaises herbes ?

En ce moment, j'aimerais vous remercier, chers lecteurs, de votre curiosité et de votre ouverture d'esprit et conclure avec une dernière histoire.

L'HISTOIRE DES WAGONS COUVERTS

Cette histoire s'est passée en Amérique pendant les années 1850. En ce temps-là, une loi votée par le Congrès des États-Unis autorisait les nouveaux arrivés, les immigrants, à se diriger vers le centre du continent où ils pouvaient recevoir des terrains gratuits s'ils étaient prêts à accomplir le travail nécessaire pour les rendre vivables.

En apprenant cela, une première famille qui vivait sur la côte Est, à Philadelphie, a mis tous ses biens dans un wagon couvert et a entrepris un long voyage de cinq à six mois pour arriver finalement au milieu du continent, dans le Kansas.

Les voyageurs se sont arrêtés tout près d'un ruisseau afin de nourrir les animaux et les enfants. Par hasard, ils ont rencontré un vieux cultivateur qui habitait dans la région depuis quarante ans. Le chef de famille a alors posé les questions suivantes au vieux fermier.

« Comment est-ce dans la région ? Vous êtes ici depuis long-temps ? Est-ce un bon endroit pour y planter nos racines, pour bâtir notre ferme et pour élever nos enfants ? Comment sont les gens ici ? Sont-ils gentils ? Sont-ils corrects, coopératifs ? »

Le vieux cultivateur était un homme orienté vers les solutions. Il a répondu par une question : « Comment étaient les gens dans l'Est, d'où vous venez ? »

Le chef de famille a répondu : « Oh ! ils étaient dégeulasses, écœurants, épouvantables, pas du tout coopératifs ! »

L'ayant écouté, le vieux cultivateur a répliqué : « Je regrette de vous informer que **c'est exactement comme ça ici.** Il serait préférable de continuer votre voyage et de chercher ailleurs votre nouveau chez-vous. »

Deux semaines plus tard, une deuxième famille est arrivée dans la même région. Ces voyageurs étaient aussi venus de l'Est avec leur wagon couvert. Eux aussi avaient voyagé pendant longtemps. Enfin, ils sont arrivés au Kansas. Par hasard, ils se sont arrêtés au même ruisseau où la première famille avait campé. Ils ont nourri les animaux et les enfants et, toujours par hasard, ils ont rencontré le même vieux cultivateur.

Comme la première famille, ils lui ont posé des questions : « Comment est-ce dans cette région ? Est-ce un bon endroit pour planter nos racines, pour bâtir notre ferme, élever nos enfants et commencer une nouvelle vie ? Comment sont les gens ici ? Sont-ils gentils, corrects, coopératifs ? »

Le vieux cultivateur, toujours orienté vers les solutions, a répondu avec la même question : « Comment sont les gens dans l'Est ? » Cette deuxième famille a répondu : « Oh ! Ils sont gentils, très coopératifs ! »

Le vieux cultivateur les a regardés, puis a répondu : « **C'est exactement comme ça ici.** Mes chers voisins, soyez les bienvenus sur votre nouvelle terre ! »

Chers lecteurs, chers jardiniers, chers dauphins en herbe, soyez les bienvenus sur votre nouvelle planète où vous pouvez maintenant choisir un petit peu plus d'**ARROSER LES FLEURS, pas les mauvaises herbes !**

RÉSUMÉ

UNE PHILOSOPHIE DE COOPÉRATION ORIENTÉE VERS UNE PERCEPTION POSITIVE DE LA VIE

LANGAGE COMMUN	CHANGE TA CASSETTE
Arroser les fleurs...	« Je n'ai pas la vérité »
La principale personne que l'on peut aider... c'est soi-même	Les trois générations en communication
Ramener le cheval...	Moins porter le cheval
Visiteur, Plaignant, Acheteur	Pas d'échecs... juste des apprentissages
Accompagnement et orientation	Problèmes ⟶ Occasions
(Ralentir pour accélérer)	Façon unique de coopérer
Faire de son mieux avec une intention positive	Pas qu'une solution, des milliers

Résistance ⟶ Persistance   Et quoi encore?

«C'est OK»   Ne changez pas trop vite...

Prière de la sérénité   Style Dauphin

QUESTIONS

QUESTIONS: 1. MIRACLE
2. EXCEPTION
3. ÉCHELLE

TÂCHES

OBSERVER... CONTINUER... QUAND?
FAITES PLUS DE CE QUI MARCHE...
FAITES QUELQUE CHOSE DE DIFFÉRENT...

PENSÉES À RETENIR...

1. La situation où vous vous trouvez en ce moment est parfaite pour votre croissance, pour votre apprentissage et pour votre épanouissement.

2. La qualité de votre vie est proportionnelle à la qualité de vos questions... et des distinctions que vous faites...

3. De plus en plus, je fais de moins en moins...

EXERCICE D'INTÉGRATION

QUESTION : Comment allez-vous intégrer
LA COMMUNICATION ORIENTÉE VERS LES SOLUTIONS à votre vie ?

1. **Quels sont les aspects les plus utiles** et pertinents pour vous dans ce livre ?

_____

_____

_____

2. **Comment allez-vous** les **appliquer** spécifiquement ?

_____

_____

_____

3. **Quels avantages** à court terme / à moyen terme / à long terme **en tirerez-vous ?**

_____

_____

_____

4. **Comment pouvez-vous** (allez-vous) **assurer le suivi** de ce livre ?

_____

_____

_____

Bibliographie

CHOPRA, D. *Se libérer des prisons intérieures*, Montréal, Stanké, 1993.

DE SHAZER, S. *Keys to Solutions*, New York, Norton, 1985.

DE SHAZER, S. *Clues, Investigating Solutions*, New York, Norton, 1988.

FISCH, R., WEAKLAND, J. et L. SEGAL. *The Tactics of Change*, San Francisco, Josey Bass, 1982.

HALEY, J. *Un thérapeute hors du commun : Milton H. Erickson*, Paris, Éditions Épi, 1973.

KRAL, R. *Strategies that Work, Techniques for Solutions in the Schools*, Milwaukee, Wisconsin, Brief Family Therapy Center, 1988.

LYNCH, D. et P. KORDIS. *La stratégie du dauphin*, Montréal, Éditions de l'Homme, 1994.

OAKLEY, E. et D. KRUG. *Enlightened Leadership*, New York, Simon & Schuster, 1993.

O'HANLON, W.H. et M. WEINER-DAVIS. *In Search of Solutions, A New Direction*, New York, Norton, 1989.

PEACOCK, F. *Basic Ericksonian Principles*, mémoire de maîtrise, Montréal, Université McGill, 1987.

ROMAN, S. *Choisir la joie*, France, Éditions Ronan Denniel, 1986.

ROBBINS, A. *L'éveil de votre puissance intérieure*, Montréal, Le Jour éditeur, 1993.

WALTER, J. L. et J. PELLER. *Becoming Solution-Focused*, New York, Brunner/Mazel, 1992.

153

VOUS AVEZ AIMÉ CE LIVRE ET VOUS SOUHAITERIEZ PEUT-ÊTRE INVITER L'AUTEUR DANS VOTRE COMMUNAUTÉ OU DANS VOTRE ORGANISATION?

Pour plus d'information sur les séminaires, les conférences et les sessions de formation données par l'auteur, vous pouvez **communiquer directement** avec:

LES ENTREPRISES FLETCHER PEACOCK INC.
1235, rue Bernard, bureau 17
Montréal, Québec
Canada H2V 1V7
Téléphone/Télécopieur: (Canada) **(514) 495-3699**
Courriel: solution1@videotron.ca
Site web:
www.FletcherPeacockCommunicationSolutions.com

Remplissez le formulaire sur la page suivante et faites-le parvenir à l'adresse mentionnée ci-dessus. Vous recevrez un cahier contenant de nombreux renseignements sur les cours de Fletcher Peacock.

Fletcher Peacock donne **des séminaires, ateliers** et **conférences** au **Canada** et dans plusieurs grandes villes de l'**Amérique du Nord**. Également offertes **aux Européens,** ces sessions de formation peuvent être livrées **en français ou en anglais** et s'adressent surtout aux groupes (aux organisations, aux entreprises, aux institutions) et aussi aux individus désireux de faire progresser leurs aptitudes à mieux communiquer avec leur entourage.

Tous les enseignements présentés dans ce livre y sont repris et enrichis d'exemples, d'exercices et de mises en situation qui permettent **de les intégrer plus** adéquatement à la vie de tous les jours. Doté d'un **extraordinaire talent de vulgarisateur,** Fletcher Peacock propose **des ateliers vivants,** imagés et interactifs où dominent **l'enthousiasme, la fraîcheur,** le dynamisme et **l'humour.**

155

Nom : _____

Entreprise/Organisation/
Communauté : _____
_____

Votre poste : _____
_____

Adresse : _____
_____
_____
_____
_____
_____

Téléphone : _____

Télécopieur : _____

Courriel : _____

J'aimerais recevoir plus d'information : Oui _____

J'aimerais explorer la possibilité d'inviter l'auteur dans mon organisation et/ou dans ma communauté : Oui ___   Non ___